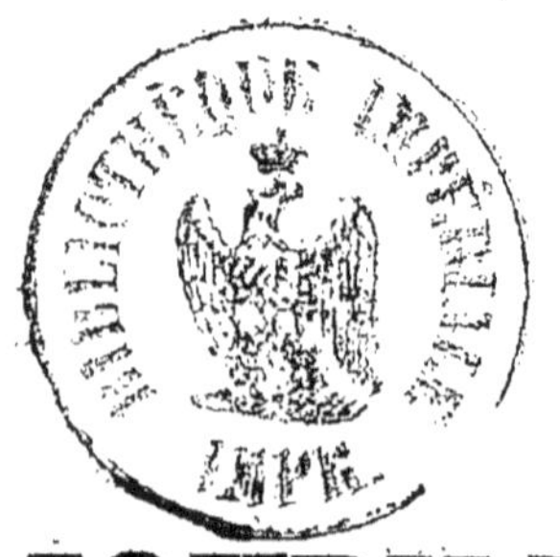

PROCÈS

DU

JOURNAL DE L'EURE

DEVANT LA

COUR D'ASSISES D'EVREUX,

LE 13 DÉCEMBRE 1841.

Réquisitoire de M. le premier avocat-général.
Plaidoyers de MM. Jules Favre et Saudbreuil, défenseurs.
Acquittement.

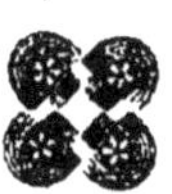

EVREUX.
IMPRIMERIE DE DU BREUIL ET Cie,
RUE JOSÉPHINE, 60.

1841.

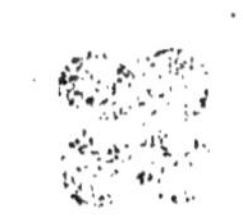

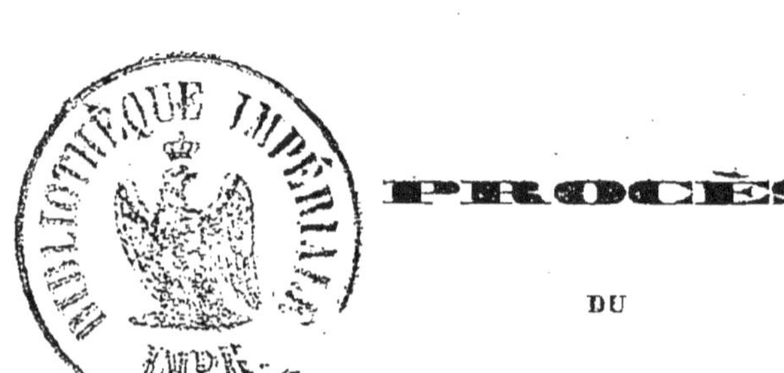

PROCÈS

DU

JOURNAL DE L'EURE.

IMPRIMERIE DE DU BREUIL ET Cie,

RUE JOSÉPHINE, 60.

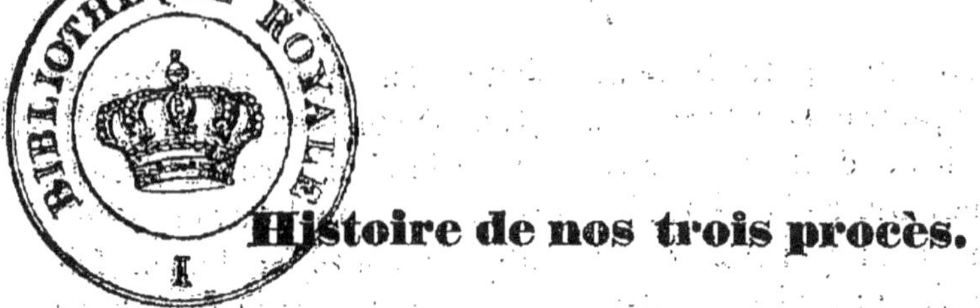

Histoire de nos trois procès.

Le *Journal de l'Eure*, en dépit de ses quatre années d'existence était arrivé jusqu'au mois de septembre 1841, sans avoir eu de procès *directement* politique.

Ce n'était pas que la bonne volonté de poursuivre manquât au parquet d'Evreux; ce n'était pas non plus que l'occasion de saisir fît faute à nos dignes émules des Hébert et des Martin (du Nord); avec la logique réquisitoriale de l'un et les circulaires draconiennes de l'autre, tout article, on le sait, est saisissable; mais les antécédens politiques du département de l'Eure, purs de toute réaction, mais l'esprit libéral de ses habitans faisaient craindre, à juste titre, à MM. les gens du roi que la graine de procès politique semée dans cette terre si chaude de patriotisme et d'indépendance ne produisît d'autre fruit que l'acquittement; le réquisitoire, véritable semoir des accusateurs publics, restait inactif dans leur main mal assurée, et cette jachère de justice politique laissait la geôle veuve de journalistes.

Non, certes, ce n'était pas la bonne volonté qui manquait au parquet d'Evreux. M. le procureur Fouché avait, à notre égard, fait ses preuves en ce genre. A défaut de procès politiques, le procès de contravention lui était venu en aide : trop défiant dans le jury pour oser, *de son propre chef*, se jouer avec une juridiction aussi peu sûre, il s'était raccroché en désespéré aux branches de la police correctionnelle, qui lui réservait pourtant une première chûte; M. Fouché, en décembre 1840, avait deviné M. Martin (du Nord) et devancé l'exécution de sa fameuse circulaire; M. Fouché avait dès cette époque mérité la robe rouge de M. Rouland.

Les lois sur la presse exigent qu'un exemplaire de chaque numéro d'un journal, revêtu de la signature manuscrite du gérant, soit déposé au parquet au moment de la distribution. La plupart du tems, cette formalité n'avait pas été remplie et cela, notez-le bien, pour la plus grande commodité de M. le procureur Fouché et de ses substituts, qui n'aiment pas généralement à se rendre à leur poste de trop bonne heure, c'est-à-dire entre neuf et dix heures du matin.

Cependant M. Du Breuil s'étant un jour absenté d'Evreux,

un de ses commis égara la feuille signée en minutes qu'on lui avait laissée pour effectuer le dépôt, et, dans son inexpérience des choses légales, crut pouvoir remplacer la signature du gérant par la sienne. Or, ce jour-là, M. le procureur Fouché avait eu une pensée à la Martin (du Nord), ou peut-être avait-il seulement fait un mauvais rêve ; toujours est-il qu'il lança contre le *Journal de l'Eure* une citation en police correctionnelle. Le biais était trouvé : avec des procès de ce genre on ne pouvait pas priver notre gérant de sa liberté, mais on pouvait ruiner le journal. M. le procureur Fouché n'en demandait pas davantage.

Cette méchante chicane, dans laquelle le public s'obstina à ne voir qu'un mauvais procédé de M. Fouché envers un journal qui, jusqu'alors, avait été modéré dans son opposition, n'eut pas d'abord tout le succès qu'en attendait le parquet. Il se trouva dans le tribunal d'Evreux des juges assez mal appris pour oser préférer la logique chaleureuse et spirituelle de Mᵉ Saudbreuil, défenseur du *Journal de l'Eure*, aux lieux communs, aux banalités de parquet débités par M. Cocaigne, substitut de nouvelle création, à qui la *modestie* bien connue de M. Fouché avait laissé le siége libre. Notre habile défenseur fit ressortir tout ce qu'il y avait de misérable tracasserie, de persécutions hypocrites, de haine mal déguisée, en un mot, contre la presse indépendante, dans cette poursuite, qui à ses yeux constituait une nouvelle sorte de procès de tendance. Notre gérant fut acquitté.

Mais M. le procureur du roi ne se tint pas pour battu ; il appela en cour royale du jugement rendu en première instance. Cette fois encore, les généreux efforts de Mᵉ Saudbreuil furent couronnés de succès : la cour royale de Rouen jugea comme le tribunal d'Evreux.

Jusque-là, l'idée de M. le procureur Fouché n'était pas heureuse ; mais patience, l'heure du triomphe allait bientôt sonner pour lui.

Poussé, sans doute, par les sollicitations de M. Fouché, le ministère public, qui, en cour royale, avait en quelque sorte abandonné l'accusation, se ravisa après l'arrêt et se pourvut en cassation.

La cour suprême ne voulut pas admettre la question de bonne foi dont le bénéfice avait été appliqué à M. Du Breuil : le jugement d'Evreux et l'arrêt de Rouen furent cassés et l'affaire renvoyée à la cour royale de Caen.

C'est le 24 juin 1841, que notre gérant devait comparaître de nouveau devant la justice. J'étais, depuis le mois d'avril, chargé de la rédaction du journal, et, M. Du Breuil se trouvant empê. ché, j'accompagnai Me Saudbreuil à Caen, où je fus témoin du honteux petit succès qui attendait là l'œuvre de M. le procureur Fouché et de la défaite de notre défenseur, défaite qui ne fut pas moins honorable pour lui que ses deux premières victoires.

L'audience de la cour de Caen apprit au public tout ce qu'il y avait de passionné dans la conduite du parquet d'Evreux à notre égard. Au dossier de notre procédure se trouvait une lettre confidentielle adressée au procureur-général par M. Fouché, et qui contenait des insinuations fort malveillantes.

M. l'avocat-général Sorbier soutint l'accusation avec une mo dération et une convenance auxquelles nous nous sommes déjà plu à rendre justice; de son côté Me Saudbreuil, dans un système de défense entièrement neuf, prouva que son talent savait se plier à toutes les exigeances du barreau; abandonnant totalement le terrain de la politique, il traita avec une éloquence pleine de réserve et d'habileté les seuls points de droit et de fait, et, quand notre cause était perdue, ce fut pour nous une douce compensation d'entendre les magistrats de la cour royale, les membres les plus honorables du barreau de Caen, et jusqu'à M. l'avocat-général lui-même, adresser au défenseur du *Journal de l'Eure* les félicitations les plus flatteuses.

La cour adopta la jurisprudence de la cour de Cassation. Elle rendit, dans son arrêt, justice pleine et entière à la bonne foi du gérant, tout en déclarant que la question de bonne foi ne pouvait être admise en matière de contravention. Les considérans de cet arrêt eurent cela de remarquable, qu'ils semblaient exprimer le regret avec lequel la cour s'était vue forcée de condamner, et qu'ils nous ouvraient franchement la voie pour solliciter honorablement la remise de l'amende de 500 fr. prononcée contre M. Du Breuil.

Avec l'amende et les frais de cette procédure nomade, l'espiéglerie de M. le procureur Fouché fit passer une somme de 609 fr. de la caisse du *Journal de l'Eure* dans celle de M. Humann, qui pensa, comme à son ordinaire, que ce qui est bon à prendre est bon à garder.

La semaine n'avait pas été bonne pour nous. Le lundi, la cour royale de Rouen nous avait dépouillé d'un revenu annuel de 5 à 6,000 fr., en nous retirant le droit de publier les annonces de ventes judiciaires d'immeubles, droit de tous cependant, qu'elle érigeait en monopole au profit d'un seul, par l'unique raison que celui-là est notre adversaire, et le jeudi suivant la cour royale de Caen nous condamnait à l'amende.

IV.

Le petit procès que je viens de vous raconter n'est qu'un prologue. Voici venir le drame. Nous aurons aussi l'épilogue.

Le mois de février avait vu éclore sous l'aile protectrice de M. de Monicault, préfet de l'Eure, un petit journal tout-à-fait anodin, espèce de sansonnet périodique, que ses *plumes* chétives soutenaient à peine, et que la serinette préfectorale exerçait uniquement à chanter les louanges de nos fonctionnaires publics. Tout-à-coup le craintif sansonnet se fit oiseau de proie, sans devenir un aigle toutefois. A partir de cette transformation, le *Courrier de l'Eure* prit place au premier rang des feuilles les plus grotesquement furibondes de la presse ministérielle.

La besogne de M. le procureur Fouché allait désormais devenir plus facile, comme vous le verrez bientôt.

La rédaction du *Courrier de l'Eure* n'était plus qu'un réquisitoire en permanence, écrit, à l'instar du parquet d'Evreux, avec cette indépendance de style qui secoue hardiment les préjugés ridicules de la logique et de la grammaire, aussi bien que ceux plus ridicules encore, pour MM. les écrivains ministériels, de la modération et des convenances sociales.

Voici du reste un échantillon de cette polémique d'accusateur public : dans son numéro-réquisitoire du 16 septembre, le *Courrier de l'Eure* contenait ce qui suit :

« Nous nous bornons à reproduire sans commentaires les phrases suivantes que nous lisons dans le *Journal de l'Eure* du 14 septembre :

« *On conserve encore quelques illusions au château* : on spécule » d'avance sur la joie que causerait à la France la chûte du 29 » octobre, et l'on est assez simple pour croire que le *sacrifice de* » *deux ou trois individualités suffira pour calmer l'irritation* que ce » ministère déplorable a causée, pour *éteindre les haines qu'il a* » *soulevées*, non pas seulement dans le corps électoral, mais dans » les masses, mais dans les populations les plus paisibles, les » plus résignées de toute la France.

» Bonnes gens, qui ne savent pas ou feignent de ne pas savoir » que les masses en France ne *s'occupent pas de politique pour des* » *changemens de ministère;* qu'elles *subissent longtems sans se plain-* » *dre le joug qu'un système impopulaire fait peser sur elles*, mais que, » lorsqu'elles se décident enfin à sortir de leur léthargie, CE » N'EST PLUS SEULEMENT POUR ASSISTER A UNE RÉVOLUTION DE POR- » TEFEUILLES.

» Est-ce assez clair ? »

Nous avons mis sous vos yeux cette citation de notre charitable confrère avec sa richesse d'interprétations réquisitoriales, exprimées simplement, comme vous le voyez, en lettres *italiques* et CAPITALES, cette encre rouge de la presse, et suivies seulement d'un laconique « Est-ce assez clair? » pour toutes conclusions.

Le *Courrier de l'Eure* a essayé un jour de repousser le reproche que nous lui faisions de nous avoir dénoncé ; nous aurions bien voulu le croire sur sa parole ; malheureusement pour lui, les lignes qu'il citait avec un tel raffinement de perfidie typographique ont été les seules incriminées par le ministère public, dans le premier des deux articles qui nous ont conduit devant les assises, et M. l'avocat-général Rouland n'aurait jamais aussi bien indiqué l'emploi des caractères accusateurs que l'auteur de cette ingénieuse citation.

Après tout, que notre adversaire ait agi ou non sans arrière-pensée dans cette circonstance, ce qu'il y a de bien certain, c'est que M. le procureur du roi Fouché ne laissa pas tomber l'avertissement ; mais cette fois il y allait des assises, et notre débonnaire gouvernement n'avait pas encore songé à sa grande épuration du jury ; aussi, sur la demande du parquet probablement, les fortes têtes de l'endroit s'assemblèrent-elles plusieurs fois chez M. le préfet Monicault, et elles délibérèrent afin de savoir si le *Journal de l'Eure* serait livré pour être crucifié.

Les fortes têtes de l'endroit, y compris celle de M. le procureur Fouché, furent d'avis d'en référer au ministère.

Poursuivez *quand même*, répondit le ministre qu'on avait consulté, et qui se trouva d'accord en cela avec la circulaire de M. Martin (du Nord). En même tems que cet ordre était expédié au préfet de l'Eure, le *Messager*, journal officiel du soir, en recevait la communication, et il arriva, dans cette circonstance, que la feuille ministérielle, trop prompte peut-être à faire connaître notre saisie au public, l'annonça à Paris le jour même et à l'heure précise où elle s'opérait dans nos bureaux à Evreux.

Tous les journaux indépendans de Paris et de la province signalèrent ce fait, qui prouve d'une manière incontestable que l'ordre de nous poursuivre émanait du pouvoir central.

Deux numéros furent saisis à la fois, celui du 14 septembre, que le *Courrier de l'Eure* avait *indiqué*, et celui du 16 dont l'article incriminé était intitulé *les émeutes parisiennes*.

Vous verrez, dans la plaidoirie de Me Favre, comment le procureur du roi d'abord, puis la chambre du conseil, et enfin la chambre des mises en accusation s'entendirent peu sur la nature du délit qu'on voulait nous imputer. Ce triple désaccord des pouvoirs judiciaires ne témoignait-il pas d'avance de la faiblesse de l'accusation ?

La procédure suivait son cours, et le journal du ministère public ne démentait pas le triste rôle qu'il avait joué dans cette affaire. Les insinuations les plus mensongères étaient lancées à chaque instant contre nous, dans le but de nous aliéner l'esprit des jurés ; la condamnation du *Journal de l'Eure* semblait être l'unique préoccupation de notre antagoniste.

De leur côté les gens *bien pensant*, selon M. le procureur Fouché, n'épargnaient rien pour nuire à notre cause, et le sort semblait vouloir servir leurs sinistres projets.

Fixée d'abord au 15 novembre, l'ouverture des assises, par suite de la mort de Mme Boivin-Champeaux, femme du président, est remise au 6 décembre, époque à laquelle les débats du procès Quénisset devaient commencer ; et peut-être se réjouissait-on tout bas de l'événement douloureux qui frappait un magistrat honorable, en pensant que le réquisitoire farouche de M. Hebert exercerait sur beaucoup d'esprits une influence qui nous serait défavorable.

Certain juge d'Evreux se vantait tout haut dans le monde que, s'il était appelé à siéger et si le jury prononçait un verdict de culpabilité, il appliquerait le maximum de la peine (cinq ans de prison et 6,000 fr. d'amende) au rédacteur en chef du *Journal de l'Eure.*

Aux termes de la loi, le gérant seul devait être était responsable des deux articles incriminés ; il me sembla pourtant qu'il était de mon devoir de revendiquer ma part de solidarité dans ce procès et c'est volontairement que je me suis trouvé mis en cause. Au moment où j'écris ces lignes, j'apprends que M. Chambolle, rédacteur en chef du journal le *Siècle* et membre de la chambre des députés, vient de se conduire exactement comme moi, en se déclarant l'auteur de l'article qui a fait citer le gérant dudit journal à la barre de la chambre des pairs. Cet exemple avait du reste été donné aux hommes de la presse indépendante par Armand Carrel.

Une circulaire officielle fut adressée à quelques maires de communes habitées par nos jurés, afin d'obtenir des renseignemens sur leurs opinions politiques et de savoir notamment CE QU'ILS PENSAIENT du *Journal de l'Eure.*

On m'a assuré que M. Chassen, 3e avocat-général de Rouen, qui s'est occupé spécialement des délits de la presse, avait, dans l'origine, été désigné pour venir à Evreux soutenir l'accusation contre nous, mais que M. Rouland, en vertu de son droit de 1er avocat-général, s'était obstiné à revendiquer cette mission. Ce fait, s'il est vrai, a lieu de nous étonner de la part de M. Rouland, qui se présente aux électeurs d'Yvetot comme candidat de l'opposition.

Mais j'arrive à la veille du procès.

Toutes les batteries de nos ennemis sont dressées. On ne doute pas de notre condamnation, et le fatal mot *maximum* circule de bouche en bouche.

Un saint homme veut bien s'intéresser à nous, dit-on ; M. l'avocat-général lui rend une visite et passe une heure à causer avec lui *de la pluie et du beau tems* ; c'est, afin, sans doute, de reprendre cette innocente conversation que tous deux se retrouvent le même jour, chez le président des assises, en compagnie, ajoute-t-on, de M. le procureur du roi Fouché. Nous ne voulons pas croire, par exemple, qu'on ait dit, comme de méchantes langues l'ont prétendu : Je donnerais bien 3,000 fr. pour que le rédacteur soit condamné. Le puits de charité chrétienne d'où sortit un jour l'œuvre diocésaine ne peut avoir exhalé un pareil vœu.

Quant à l'intérêt, bienveillant ou non, que l'illustre personnage prit à notre sort, il fut tel, qu'à l'instant même où le verdict d'acquittement venait d'être prononcé, M. le président s'empressa de lui en expédier la nouvelle par estafette, suivant le désir qu'il avait exprimé à ce sujet.

Que puis-je vous dire de l'audience, qui vous donne la mesure de l'effet magique produit par l'éloquence de nos défenseurs sur la foule immense qui s'y pressait? vous allez lire le compte-rendu des débats et vous comprendrez facilement que le président dut être souvent forcé d'imposer silence aux applaudissemens qui éclataient dans toutes les parties de l'auditoire.

Une grande réputation de talent avait précédé M. l'avocat-général à Evreux ; M. Rouland dut retourner sans elle à Rouen.

A la cour des pairs, M. Hébert avait été cruellement habile dans ses sophismes contre Dupoty ; M. Rouland voulut, sans doute, en faire autant à mon égard, mais il ne fut qu'inconvenant et maladroit : parfois même il se permit des expressions aussi outrageantes qu'inusitées dans les procès de la presse politique, et je vous déclare qu'il fallut toute la confiance, tout le respect que m'inspiraient et le jury et l'admirable talent de mon défenseur, pour m'empêcher de renvoyer immédiatement à M. Rouland ses étranges *taxations*. Ce dernier mot a été importé par lui à Evreux, et l'usage immodéré qu'il en fit répandit, sur toute sa plaidoirie, un parfum de greffe et d'exécutoire à faire pâmer d'aise un recors ou un clerc d'huissier.

Je recommande M. l'avocat-général au choix des électeurs

d'Yvetot, s'ils veulent voir dignement remplie la place qu'occupait jadis, sur les bancs du Palais-Bourbon, M. Viennet de si amusante mémoire.

Nombre de dames, élégantes et jolies, sont restées à l'audience depuis neuf heures du matin jusqu'à sept heures du soir, sans que le tems leur ait semblé long. Me Favre a opéré ce miracle.

Ainsi s'est passé le drame, voyons maintenant l'épilogue :

La rage au cœur, et pleins du désir de prendre une revanche quelconque, nos adversaires, comme ceux qui vous attendent au coin d'un bois pour vous détrousser, se sont embusqués derrière l'art. 7 de la loi du 25 mars 1822, qui punit l'infidélité de compte-rendu, dans l'espoir de nous prendre en défaut et de nous condamner, sans le concours du jury, à quelques 6,000 fr. d'amende. Dépistés sur ce point, ils crurent avoir trouvé un moyen de nous faire payer les frais de la guerre, en suscitant à M. Du Breuil un procès en police correctionnelle pour contravention à la loi sur le dépôt, sous le prétexte que le numéro du 15 décembre, contenant le compte-rendu du procès, n'avait pas été déposé au parquet au moment de sa distribution ; or, la distribution de ce numéro, qui a été publié en deux parties, a duré depuis midi jusqu'au lendemain.

L'affaire venait le 13 janvier, mais elle fût remise au 14.

Pour la troisième fois, le pouvoir a dû comprendre que la mise en pratique de ses théories contre la liberté de la presse ne serait pas heureuse dans notre département ; pour la troisième fois, à son tour, le parquet d'Evreux a dû comprendre que, si l'esprit de réaction et de violence du ministère de l'étranger trouvait un écho momentané dans la rédaction du *Courrier de l'Eure* et dans le sein des honorables actionnaires de cette feuille dévouée quand même, les citoyens de ce pays appelés à rendre la justice, magistrats ou jurés, ne se fesaient pas volontiers les aveugles soutiens d'un système politique que réprouvent tous les honnêtes gens.

M. Du Breuil, habilement défendu par notre ami Me Saudbreuil, a été acquitté!

Selme Davenay.

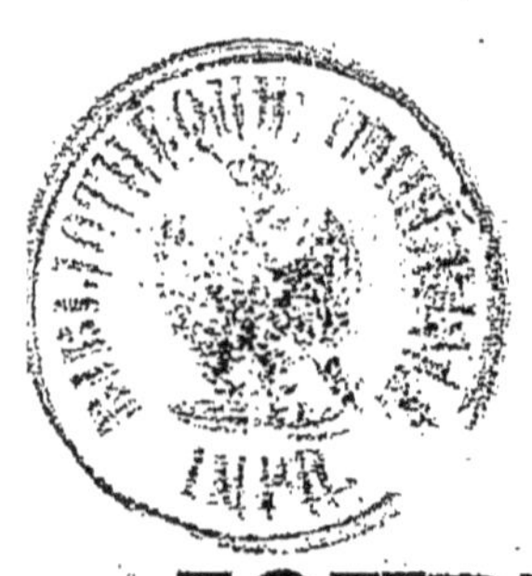

PROCÈS

DU

JOURNAL DE L'EURE

DEVANT LA

COUR D'ASSISES D'EVREUX,

LE 13 DÉCEMBRE 1841.

La nouvelle que notre procès serait appelé le 13 de ce mois et que Me Jules Favre viendrait nous prêter l'appui de son éloquente parole avait attiré à Evreux une foule nombreuse de patriotes et d'avocats venus des villes voisines.

Depuis plusieurs jours les hôtels étaient encombrés et la ville d'Evreux avait pris un aspect plus animé que de coutume.

A dix heures, les portes de la cour d'assises ont été ouvertes au public nombreux qui depuis le matin attendait impatiemment le commencement de ces débats : en un instant, toutes les places de l'audience ont été envahies.

Sur les bancs réservés dans le prétoire aux jurés non admis à prendre séance, nous remarquons plusieurs dames, élégamment vêtues, qui ont, malgré les avertissemens des huissiers, pris possession de ces places réservées.

Au fond de l'audience, mêlés à la foule, nous remarquons aussi plusieurs ecclésiastiques.

A dix heures et demie, la cour entre en séance.

Derrière les siéges de la cour, est assis M. Dupont de l'Eure, qui a voulu conduire lui-même Me Jules Favre à l'audience.

Au banc de la défense sont assis, auprès des prévenus, Me Jules Favre, avocat du barreau de Paris, et Me Saudbreuil, avocat du barreau d'Evreux.

Le siége du ministère public est occupé par M. Rouland, premier avocat général à Rouen, et qui est venu tout exprès à Evreux pour soutenir l'accusation contre le *Journal de l'Eure*.

M. LE PRÉSIDENT : L'audience est ouverte. Huissiers établissez le silence, et faites retirer les personnes qui se sont placées sur le banc de MM. les jurés.

Cet ordre de M. le président paraît exciter un grand mécontentement parmi les dames qui avaient pris possession de ces bancs, et qui ne consentent qu'avec beaucoup de lenteur et sur l'invitation réitérée des huissiers, à céder leurs places aux membres du jury.

Quand le silence et l'ordre sont rétablis, M. le président procède au tirage du jury. Le ministère public et la défense épuisent leur droit de récusation.

M. LE PRESIDENT : Du Breuil quels sont vos nom et prénoms ?

R. Eugène-Victor Du Breuil.

D. Votre état ?

R. Journaliste.

D. Davenay, vos nom et prénoms ?

R. Philippe-Auguste Selme Davenay.

D. Votre état ?

R. Journaliste.

D. Du Breuil, vous êtes accusé de deux délits : 1° d'avoir excité à la haine et au mépris du gouvernement ; 2° d'avoir exprimé le vœu, l'espoir et la menace du renversement de l'ordre monarchique et constitutionnel établi en France. Acceptez-vous la reponsabilité des articles publiés par le journal dont vous êtes le gérant ?

M. DU BREUIL : Oui, monsieur le président.

D. Davenay, vous êtes prévenu des mêmes délits. C'est vous qui avez redigé les articles et vous en acceptez la responsabilité ?

M. DAVENAY : Oui, monsieur le président.

M. LE PRÉSIDENT : Je préviens le public que toutes marques d'improbation sont interdites.

Après que le greffier a donné lecture de l'arrêt de renvoi, M. le président donne la parole au ministère public pour soutenir l'accusation.

M. Rouland, avocat général : Messieurs les jurés, avant de discuter les élémens du procès intenté à MM. Du Breuil et Davenay, et d'entamer ce débat dans lequel je me présente, dominé par le sentiment des devoirs qui me sont confiés, permettez-moi de vous exprimer l'émotion que j'éprouve en me retrouvant dans cette enceinte judiciaire. C'est avec bonheur que je me rappelle les souvenirs du passé, c'est avec confiance que je réclame votre bienveillant patronage. J'en ai besoin, car, si le souvenir de la vie commune était effacé, j'apparaîtrais ici comme un étranger, et je n'aurais pas l'avantage d'être connu de vous.

Maintenant que j'ai, pour ainsi dire, touché des mains amies, et que j'ai revendiqué la bienveillance de vos souvenirs, je n'ai plus d'inquiétude et j'aborde l'accusation avec assurance : — Au seuil de tous les procès de presse, le ministère public et la défense s'arment toujours l'un contre l'autre de considérations générales ; l'accusation reproche à la presse ses mauvaises passions contre le gouvernement ; la presse nous reproche, de son côté, d'entraver la liberté de la presse. Si nous voulons observer de bonne foi le mouvement qui se fait dans les choses et dans les idées, si, descendant à l'examen individuel des choses de chaque jour, nous voulons tous dire nos impressions en face de cette puissance qui, malgré les entraves dont elle se prétend embarrassée, est toujours si hardie ; nul de nous ne croira à ce fantôme d'un pouvoir brutal essayant d'étouffer la liberté de la presse.

Nous ne voulons pas encore, messieurs les jurés, vous entretenir de considérations particulières, elles seront réservées pour le moment où la défense se placera contre le ministère public. Il nous suffit, quant à présent, de placer votre futur verdict sous la garantie de notre conviction et de notre conscience. C'est parce que nous avons cru à l'existence d'un délit de presse, que nous venons demander au jury de couvrir le gouvernement attaqué par les journaux : il faut des garanties pour le pouvoir s'il est injustement flétri par le mensonge et la calomnie.

Grâce à Dieu, messieurs, vous ne voulez pas faire une concession déplorable aux entraînemens politiques. L'indépendance de votre juridiction nous rassure, et les clameurs n'ont plus qu'à mourir ici devant le serment qui vous lie. Vous devez votre justice à tous, au gouvernement comme aux citoyens, et vous rendrez cette justice comme il convient à des hommes probes et intelligens. Arrivons maintenant au procès. Je dois tout d'abord vous expliquer la position de ceux qui figurent dans ce procès. Deux hommes sont au banc des prévenus, l'un comme auteur des articles incriminés, l'autre comme gérant du journal, qui les a publiés dans ses colonnes. Ajoutons que l'auteur des articles est venu de lui-même offrir sa poitrine à l'accusation. Les délits de la presse résultent de la publication ; c'est par la publication seule qu'il y a délit : or, la loi, loi sage en cela, a compris qu'en thèse de délits de presse, la vindicte publique ne pourrait aller chercher un écrivain qui souvent pouvait se cacher, il fallait une responsabilité vivante ; un gérant, un homme-journal ; il fallait un pavillon qui couvre la marchandise. Voilà, messieurs, pourquoi le gérant est ici. La loi l'a voulu et, je le répète, c'est une loi sage et prudente, car c'est le gérant qui, avant tous, ouvre et garantit les colonnes du journal qui, sans sa signature, ne saurait paraître. Le gérant n'est pas comme l'imprimeur qui pourrait vous dire : « Je suis étranger à l'article incriminé, moralement je n'en suis pas responsable. » Le gérant, à cause de la position qu'il occupe, dans le journal, est un être intelligent aux yeux de la loi comme de la raison ; et si l'auteur de l'article intervient pour nous dire : c'est moi seul qui suis coupable, nous nous tournons vers le gérant et nous répondons : « C'est vous, publicateur, qui avez donné la vie à l'article. » Voilà pourquoi, alors que Davenay s'avoue l'auteur des articles poursuivis, Du Breuil est ici sur le banc des prévenus. Nous avions besoin de vous expliquer la position légale du gérant et nous vous déclarons, dès à présent, que selon la volonté de la loi, nous persistons à maintenir le gérant dans toutes les conséquences de l'accusation.

Arrivons aux articles : deux articles ont été incriminés, l'un du 14 septembre, le second du 16 du même mois. Il y a dans ces articles une immense différence, qui mérite d'être signalée ; la pensée est bien la même, elle devait l'être ; l'écrivain ne pourrait faire entendre une dénégation à ce sujet, sans renier son passé ; mais devant la prescription de la loi, il y a certaines façons d'exprimer sa pensée, et j'avertis le jury de la différence morale des deux articles ; car, dans mes habitudes de magistrat, je m'honore de ne jamais dévier de la bonne foi. Le premier article n'est incriminé que dans ses derniers paragraphes ; toutefois, pour qu'on ne m'accuse pas de rien tronquer, je vais lire ces articles en entier.

Ici M. l'avocat-général ouvre le *Journal de l'Eure*, et, lisant comme par mégarde les premières lignes de l'avis qui se trouve en tête de cette feuille, sur le recensement, dit en souriant : ah ! ceci n'est pas un délit, mais je vois dans le *Journal de l'Eure* que le recensement est illégal et que les citoyens ont le droit de fermer leurs portes ; mais il paraît que cette feuille n'a pas grand crédit dans la ville, car sur 2,200 maisons, il n'en n'est pas plus de 55 qui aient fermé leurs portes ; mais laissons cela et donnons lecture de l'article :

SITUATION.

« Si les chambres étaient réunies maintenant, elles auraient déjà à demander compte au ministère de bien des actes de honteuse politique ; que sera-ce donc à l'ouverture de la session, si l'on songe que d'ici là M. Guizot a encore trois mois devant lui pour violer nos lois et déshonorer la France!

» L'opposition, il faut en convenir, a montré dans la dernière session une indifférence bien coupable; elle s'est laissé jouer par M. Thiers de la manière la plus complète, et si elle veut reconquérir la confiance des électeurs que sa mollesse et son incurie ont singulièrement ébranlée, il faudra qu'elle se montre dès l'ouverture aussi ferme, aussi énergique qu'on l'a vue faible et apathique.

» Car la session prochaine est la dernière de la législature actuelle, et il faudrait que les électeurs patriotes fussent saisis de vertige pour renvoyer à la chambre nouvelle des députés qui, après avoir voté de confiance les fonds secrets et les fortifications pour M. Thiers, n'auraient pas racheté cette faute déplorable en protestant du haut de la tribune, au moment de l'expiration de leur mandat, contre toutes les infamies du ministère de l'étranger.

» Mais, Dieu merci, nous n'avons pas pareille chose à redouter, si nous en croyons toutes nos prévisions et les renseignemens qui nous arrivent de toutes parts sur les intentions de l'opposition; tous les députés indépendans, à quelque nuance d'opinion qu'ils appartiennent, sont bien décidés à livrer au pouvoir une de ces batailles décisives, dans lesquelles la victoire ne dépend pas du résultat d'un scrutin, mais bien de l'effet moral d'une discussion. »

C'est aux paragraphes suivans, ajoute M. l'avocat-général, que commence le procès.

« On pense donc généralement que les débats de l'adresse seront d'une nature telle que le ministère Guizot deviendra moralement impossible. On se débarrassera donc de la chambre d'abord, et puis de l'homme de Gand, qu'on aura suffisamment usé comme cela, et l'on chargera M. Molé de faire un appel aux électeurs.

» On conserve encore quelques illusions au château : on spécule d'avance sur la joie que causerait à la France la chûte du 29 octobre, et l'on est assez simple pour croire que le sacrifice de deux ou trois individualités suffira pour calmer l'irritation que ce ministère déplorable à causée, pour éteindre les haines qu'il a soulevées, non pas seulement dans le corps électoral, mais dans les masses, mais dans les populations les plus paisibles, les plus résignées, de toute la France. »

Voilà, s'écrie M. Rouland, la pensée du journaliste, telle est la pensée qu'on prête à un haut personnage qu'on appelle *on*; car il ne faut pas s'y tromper, messieurs, *on*, dans l'intention de l'auteur, c'est la personne royale. Mais voici surtout le passage incriminé. *On* va prendre ici une forme plus positive. Suivant vous, d'après les lignes qui précèdent, il y a de l'irritation causée dans les masses : vous le pensez et vous le dites, c'est votre droit, je ne le nie pas mais vous vous écriez ensuite :

« Bonnes gens, qui ne savent pas ou feignent de ne pas savoir que les masses en France ne s'occupent pas de politique pour des changemens de ministère; qu'elles subissent long-tems sans se plaindre le joug qu'un système impopulaire fait peser sur elles, mais que lorsqu'elles se décident enfin à sortir de leur léthargie, ce n'est plus seulement pour assister à une révolution de portefeuilles. »

Pour nous il n'y a pas d'équivoque. Le mot *bonnes gens*, ici, s'adresse au château. Puis vous faites intervenir les masses, vous dites avec votre langage plein d'amertume, que les masses, quand elles se mêlent de politique, se lèvent non pas pour un changement de ministère... Ah! cela et vrai pour notre malheur, elles se lèvent pour tout autre chose, sous le coup de vos excitations, elles se lèvent pour une pensée qui est la vôtre et que nous appelons une pensée coupable. Mais qu'est-ce donc que ces avertissemens prophétiques? Est-ce seulement un vœu? Non. Est-ce une menace? Oui. Je sais que votre pensée est élastique, oh! je vous comprends et je vous devine, vous direz en face de la prison et de l'amende: « J'ai procédé par voie de négation, à Dieu ne plaise que j'aie commis le délit que vous me reprochez; c'est une pensée philosophique que j'ai exprimée, c'est un *qui vive* que j'ai poussé pour avertir le pouvoir imprudent. » Voilà quelle sera votre défense, mais moi qui vous connais et qui vais tout-à-l'heure vous ôter votre masque (marques de surprise au banc du barreau), j'ai le droit de qualifier, comme je l'ai fait les intentions de votre article.

Je n'ai fait que commencer ma tâche et c'est ici, messieurs les jurés, que je vous prie de me prêter toute votre attention; je passe au second article, je vais d'abord en lire l'ensemble, j'en discuterai ensuite les divers paragraphes; je sais que tout cela est fastidieux, mais dans une cause si grave, quand il s'agit de faire condamner un homme, de lui faire infliger la prison et l'amende, de le faire déclarer coupable par un verdict solennel; il convient que nous ne passions rien sous silence et que nous produisions dans tous leurs détails les charges de l'accusation.

LES ÉMEUTES PARISIENNES.

« La tentative d'assassinat du faubourg Saint-Antoine est venue en aide au ministère, que tant d'événemens ont mis aux abois; à peine les premiers magistrats instructeurs savaient-ils le nom de l'insensé qui a tiré sur le cortége du fils de Louis-Philippe, que déjà les journaux ministériels faisaient de lui un farouche affilié des sociétés *communistes*; un monstre armé par les provocations de la presse anarchique et des factions. Nous n'éprouvons assurément aucune sympathie pour MM. les *communistes*, dont nous maudissons au contraire de grand cœur les absurdes théories, mais nous ne pouvons nous empêcher de rire de pitié en voyant le pouvoir réduit à chercher ce qu'il appelle sa force morale, dans l'épouvantail que quelques centaines de sectaires ignorans et fanatiques lui fournissent pour effrayer les ames crédules.

» Si ces *communistes* vous faisaient tant peur, vous en seriez bientôt débarrassés. Eh! quoi, vous, les impitoyables, qui depuis huit jours avez rougi de sang français le sol de plusieurs villes, pour faire régner, au détriment des lois et en dépit de l'humanité, ce que vous appelez l'ordre, vous, les ministres de l'odieux système auquel la France doit déjà l'état de siége, les mitraillades de Lyon, les massacres de la rue Transnonain, et les lois de septembre, vous avez peur de quelques centaines de pauvres rêveurs, qui tiennent leurs terribles conciliabules sur la place publique; qui confient le mot de leurs redoutables afiliations à des illuminés échappés de l'école?

» Allons donc, mes maîtres, vous n'êtes pas si simples que vous ne puissiez d'un seul coup mettre la main sur tout ce qu'il y a de communistes, babouvistes, etc., à Paris et dans la province, si cela pouvait arranger vos affaires. Ne dites-vous pas d'ailleurs, à tout propos, que vous les connaissez, ces *dangereux* adversaires, et votre feuille officielle du soir n'annonçait-elle pas avant-hier que les rassemblemens *étaient dirigés par des hommes connus pour faire partie de diverses sociétés secrètes?*

» Mais ils vous sont nécessaires, ces conspirateurs en plein vent; sans leurs complots avortés, sans leurs stupides tentatives d'assassinat (le mot est doux, dit M. l'avocat-général), sans leurs grotesques émeutes, vos partisans eux-mêmes s'étonneraient et se fatigueraient peut-être de votre système d'intimidation ; et qui sait si le pays tout entier n'allait pas vous demander compte des cruautés que vos soldats viennent de commettre à Mâcon et à Clermont ?

» La *bienheureuse providence* arrange si bien les choses dans votre intérêt, que vous n'avez eu besoin d'organiser vous-même ni l'attentat, ni l'émeute quotidienne de Paris. L'assassin, ainsi que les émeutiers se sont trouvés là pour vous à point nommé ; le procès que la cour des pairs va instruire nous dira quelque jour le motif réel de l'inconcevable crime du premier, et quant aux autres, nous savons de reste comment vous en usez. »

Le ministère public s'interrompant : Puis vient la description de l'émeute. Il paraît que celui qui a écrit cela s'est quelquefois trouvé dans les émeutes, car il en parle en connaisseur.

« Chaque soir à la même heure et à poste fixe, le rassemblement se forme, il parcourt, pendant près de deux heures, les quartiers Saint-Denis, Saint-Martin et les boulevards, en chantant et en poussant des cris de toute sorte ; cela, notez bien, a lieu sans que la police y mette le moindre empêchement ; mais quand la foule des promeneurs, que le beau tems attire dans les rues, cède à la curiosité de voir l'émeute et se porte sur les points où circule le rassemblement, alors la garde municipale à pied et à cheval, la troupe de ligne, les sergens de ville et les argousins s'élancent à l'improviste sur tout ce qu'ils rencontrent, et les gens les plus inoffensifs, des femmes, des enfans, des vieillards, sont renversés brutalement, foulés aux pieds des chevaux, frappés à coups de crosses de fusil, de sabre et de bâtons.

» Les choses se passent ainsi quand le ministère n'a besoin que d'une petite émeute. Les coups de fusil sont réservés pour les grands jours et pour les petites villes.

» Lorsque l'émeute s'est renouvelée de la sorte pendant plusieurs jours de suite et que le pouvoir veut la faire cesser, il emploie un moyen bien facile : ses agens de police se placent en embuscade à l'endroit où le rassemblement a l'habitude de se former et l'on arrête successivement, et sans répandre la plus petite goutte de sang, tous les émeutiers qui se présentent au rendez-vous. Quelquefois l'émeute cesse d'elle-même.

» Du tems que nous habitions Paris, les émeutes étaient exploitées ainsi par les ministres : d'après ce que nous lisons dans les journaux parisiens, la *manière de s'en servir* n'a pas changé, et malheureusement il se trouve toujours des curieux qui viennent s'exposer aux brutalités de la police et ne tiennent aucun compte des sages avertissemens de la presse indépendante, qui engage cependant tous les bons citoyens à rester chez eux.

» Nous croyons donc que les troubles qui ont lieu chaque soir à Paris depuis quelques jours sont, *au moins*, entretenus et exploités par le pouvoir ; nous croyons que la tentative du faubourg Saint-Antoine est maintenant considérée par lui comme un événement heureux ; parce qu'il n'y a d'existence possible pour ce ministère de réaction, que dans le désordre public et la guerre civile, et que tout ce qui peut servir de prétexte à ses violences lui convient cent fois plus que l'estime de la nation.

» Mais les attentats politiques comme les émeutes sont usés, et alors même, ce qui, Dieu soit loué, n'est pas arrivé, qu'un prince eût été victime du crime de Pappart, la France n'en aurait pas moins aujourd'hui en exécration le ministère qui l'a laissé souffleter par l'Angleterre, qui a dilapidé ses finances pour embastiller Paris et qui fait chaque jour encore s'entrégorger ses enfans pour la plus grande gloire de M. Humann et de son illégal recensement. »

Voilà l'article ; assurément il ne faut pas de grands efforts pour y découvrir ce qui s'y trouve. Ce qu'il y a, dans cet article, de moralement saisissant pour toutes les intelligences, c'est l'amertume, c'est la haine, c'est la passion, c'est un désir immense de flétrir le pouvoir. Telle est votre pensée et voilà comme elle apparaît, dès le premier coup d'œil. Mais discutons-en les termes et vous verrez qu'à chaque ligne, à chaque phrase, à chaque paragraphe, viendra en quelque sorte s'adapter la loi pour qualifier le délit d'excitation à la haine et au mépris du gouvernement du roi.

Vous commencez par dire, que l'abominable tentative du faubourg Saint-Antoine est venue en aide au ministère et qu'elle a servi ses projets. Vous imputez au pouvoir, non pas des actes politiques qui lui seraient propres, mais des actes odieux qui ne viennent pas de lui ; vous lui reprochez, dans votre haine aveugle, d'avoir entretenu ces mouvemens déplorables dans lesquels chaque goutte de sang versé est une goutte de sang français ; en un mot, vous lui reprochez les émeutes. Parlant de l'attentat du 13 septembre, vous vous étonnez que les magistrats instructeurs de la cour des pairs aient fait de Quénisset un affilié aux sociétés communistes ; mais c'est un fait qui a acquis, par les débats, toute la puissance d'un fait évident. Ces sociétés vous les reniez et vous faites bien, c'est un acte de sagesse et je le reconnais en passant, mais quoi que vous en disiez, Quénisset est un affilié des sociétés secrètes.

Arrivons maintenant à ce qui est plus coupable, à la taxation. (Sourire dans l'auditoire et au banc de la défense ; nous remarquons aussi que l'huissier, sur ce mot de taxation, dresse une oreille intéressée.) Vous dites : « Vous, les impitoyables, qui depuis huit jours avez rougi de sang français » le sol de plusieurs villes, pour faire régner, au détriment des lois et en » dépit de l'humanité, ce que vous appelez l'ordre... » Eh bien ! je déclare qu'il est impossible qu'un journal insère dans ses colonnes une injure plus grave, une taxation (nouveaux rires) qui vole plus directement l'honneur du pouvoir. Ainsi, selon vous, les hommes du pouvoir font de gaîté de cœur couler le sang des citoyens ! Ah ! s'il en était ainsi, s'il était vrai que les hommes qui nous gouvernent commettent de pareilles horreurs, d'aussi abominables atrocités, je le déclare hautement, le pouvoir devrait tomber sous le poids de l'exécration publique. Eh bien ! je vous le dis dès à présent, et je vous le dirai plus tard : vous en avez menti ! (Vives marques d'impatience au banc des prévenus.)

M. l'avocat-général continue : Voilà les premières taxations, voilà toutes ces qualifications qui sont si bien de nature à indigner un pays. Mais ce n'est pas tout, maintenant, il faut que vous imputiez au pouvoir la pensée d'entretenir et d'organiser les émeutes, et vous dites, en parlant du crime de Quénisset : *Stupide tentative* : c'est là toute l'expression que vous arrache l'attentat du 13 septembre !... Cet attentat ! je vous dis, moi, qu'il est abominable, hideux, révoltant pour nos mœurs et que, si votre intelligence n'a pas trouvé, à ce sujet, d'autre flétrissure, c'est qu'elle ne sait pas détester le crime.

« Sans leurs grotesques émeutes, vos partisans eux-mêmes s'étonneraient » et se fatigueraient peut-être de votre système d'intimidation, et qui sait » si le pays tout entier n'allait pas vous demander compte des cruautés que » vos soldats viennent de commettre à Mâcon et à Clermont ? »

Eh bien ! ceci est encore un mensonge ! Quelqu'un, sachez-le bien, sortira flétri de cette audience ; et si je n'avais pu vous dire tout haut vos vérités, je ne serais pas à cette place. Mon devoir à moi, homme de la loi, est de venir, la loi à la main, protester contre vos mensonges ! Vous dites au pouvoir, pour l'exposer à la haine des populations, qu'il est couvert du sang des citoyens; je réponds que c'est de votre part une infamie et que vous avez menti dans votre propre conscience. (Nouvelles marques d'impatience au banc des prévenus.) C'est non seulement mon droit de vous le dire; c'est aussi ma volonté. Vous avez calomnié le pouvoir, vous avez voulu le calomnier, vous avez voulu exciter à la haine et au mépris du gouvernement du roi, eh bien! le jour de la réparation est arrivé. Nul au monde ne peut flétrir le gouvernement sans avoir la main pleine de vérités saillantes, car c'est une chose odieuse que d'aller, pour ainsi dire, voler l'honneur du gouvernement, que d'exposer ainsi à la haine des citoyens ceux qui ont le malheur, le triste malheur de nous gouverner. (Sourires.)

Voilà vos imputations, il faut que vous vous expliquiez; je vous provoque aux preuves, je vous attends dans ce débat; il faut, pour le pays, que la vérité, si long-tems étouffée, sorte enfin de cette audience; il faut enfin justice pour tout le monde, pour le gouvernement comme pour les citoyens, c'est le droit commun et c'est ce que je désire.

Arrive enfin, dans l'article, la pensée de l'émeute :

« La *bienheureuse Providence* arrange si bien les choses dans votre » intérêt, que vous n'avez eu besoin d'organiser vous-même ni l'attentat, » ni l'émeute quotidienne de Paris. L'assassin, ainsi que les émeutiers, se » sont trouvés là pour vous à point nommé; le procès que la cour des » pairs va instruire nous dira quelque jour le motif réel de l'inconcevable » crime du premier; et, quant aux autres, nous savons du reste comment » vous en usez. »

Quand le journal dit ici: *la bienheureuse Providence*, il ne dit pas la *bienheureuse Providence*, il dit évidemment tout le contraire; et, quant au gouvernement, l'assassin et les émeutiers se sont trouvés là à point nommé, pour lui venir en aide! Voyez-vous le ministère servi à souhait par l'émeute et l'assassinat, il se trouve là un assassin tout exprès pour lui. Calomnie! mensonge! le crime du 13 septembre est aujourd'hui parfaitement expliqué. La pensée s'en est développée dans les débats qui se déroulent en ce moment devant la cour des pairs. Quant aux émeutes que vous dites avoir été provoquées et ménagées par le ministère, rappelez-vous que, dans un procès plaidé pour un journal qui jouit d'une grande réputation politique, au moins dans un certain monde, ce journal avait reconnu que le pouvoir avait été très-bienveillant pour les émeutiers. C'est au procès du *National*, plaidé par Me Marie, que je fais allusion : et vous, dans le *Journal de l'Eure*, vous osez dire que le gouvernement a été impitoyable!

Ce que vous avez dit n'est pas vrai; j'ai ici tous les documens recueillis lors de la condamnation de vos 116 émeutiers par la police correctionnelle de Paris. Savez-vous quels sont ceux qu'on prenait les armes à la main? c'étaient les hommes qui ont tué le garde municipal Frigot, ceux qui entraient dans les magasins pour voler de la serge rouge. Est-ce le gouvernement qui a fait ces émeutes-là? Où sont les charges de cavalerie? où sont les cruautés commises par le pouvoir? indiquez. Certes, il y a bien eu quelques violences, mais est-ce là un reproche à nous faire? Ne semble-t-il pas, à lire votre article, que le quai de Gèvre ait été couvert de morts et de mourans, de vieillards, de femmes et d'enfans renversés? et il n'y a eu rien de pareil. Dans ces luttes de la police contre l'émeute, il y a toujours des accidens malheureux, déplorables; mais faire ce que vous avez fait, ce n'est point de la vérité, vous avez non pas seulement grossi, vous avez inventé; il fallait déverser le blâme et la calomnie sur le gouvernement, vous les avez déversés à pleines mains.

« Les choses se passent ainsi quand le ministère n'a besoin que d'une » petite émeute. Les coups de fusil sont réservés pour les grands jours et » les petites villes. »

La pensée du journaliste ne se déguise pas comme vous voyez; le pouvoir dira: dans telle ville, il nous faut une émeute, dans telle autre ville, il nous faut un massacre, nous le voulons ainsi: est-ce là, je vous le demande, de la polémique licite et permise? n'est-ce pas, au contraire, l'expression de la haine la plus violente et de la passion la plus emportée? n'est-ce pas la taxation la plus injurieuse et la plus calomniatoire? (on rit) vous appelez cela de la discussion? vous essaierez de le prouver au jury. Quant à nous, nous avons là votre article, et nous en avons tiré les inductions; écoutez-nous, Davenay, votre tour viendra tout-à l'heure.

« Du tems que nous habitions Paris, les émeutes étaient exploitées ainsi » par les ministres: d'après ce que nous lisons dans les journaux parisiens, » la *manière de s'en servir* n'a pas changé, et malheureusement il se » trouve toujours des curieux qui viennent s'exposer aux brutalités de la » police et ne tiennent aucun compte des sages avertissemens de la presse » indépendante, qui engage cependant tous les bons citoyens à rester chez » eux. »

Voilà le système que vous indiquez, évidemment ce système est mauvais, je dis plus, il est odieux. Vous voulez qu'il soit facile au gouvernement d'empêcher et de comprimer les émeutes: moi je dis que c'est fort difficile. Toutes les fois que le gouvernement a corrigé l'émeute au sein des rues, on l'a accusé de cruauté; toutes les fois qu'il a ménagé les émeutiers, qu'il a temporisé, on l'a accusé de tolérance, de telle sorte que ce pauvre gouvernement est, quoi qu'il fasse, entre deux taxations également odieuses. (on rit)

Vous dites que l'émeute est entretenue, fomentée par le pouvoir dans un but politique? je vous réponds que par là vous excitez encore à la haine et au mépris du gouvernement du roi; là encore votre pensée se résume tout entière; par là encore vous arrivez vous-mêmes à la conclusion de l'accusation. Nous disons que votre article contient le délit d'excitation à la haine et au mépris du gouvernement, est-ce vrai? Nous sommes-nous mépris? Supposons, ce qui n'est pas, grâce à Dieu, supposons, dis-je, que quelqu'un de vous soit au pouvoir et qu'on l'accuse avec cette violence, avec cette injustice, la personne ainsi attaquée reprochera-t-elle au journal de l'avoir injuriée et calomniée? Oui, sans doute. Cette personne s'écriera: Mais vous en avez menti! Moi, organe du gouvernement, je m'écrie à mon tour: Vous en avez menti! et, bornant là ma discussion, j'ajoute en m'adressant à la conscience et au bon sens du jury: Qu'en pensez-vous...?

Je dois, toutefois, prévoir une objection; il est indubitable qu'on viendra me dire: mais prenez garde, M. l'avocat-général, la loi punit sans doute l'excitation à la haine et au mépris du gouvernement; mais le dernier paragraphe de cette même loi, en expliquant la pensée, déclare que la censure des actes du ministère est permise, et l'on ajoute: ministère public, vous étouffez la liberté.

Cette objection ne sera pas vraie et je la repousse d'avance. La défense viendra nous dire: j'ai le droit de censurer vos actes, de les discuter; cela est vrai, mais il y a deux règles qu'il faut concilier: le droit d'examen, de discussion, de censure, et la défense d'exciter à la haine et au mépris du gouvernement. Sans nul doute vous avez le droit de censurer les actes du gouvernement; mais il est une limite que vous ne sauriez dépasser, car le besoin de l'intelligence ne va pas jusqu'à la calomnie; tout le monde comprend que l'intelligence n'a pas besoin d'injures, c'est une arme qu'elle répudie et qu'elle ne connaît pas ; et elle ne saurait, sans décheoir, aller jusqu'à l'amertume, la haine et la passion. Censurez donc les actes du gouvernement, mais, au moins, restez dans les limites de la constitution et ne vous présentez pas devant le pouvoir ainsi que vous l'avez fait, avec l'injure et le mensonge à la bouche. Il tombe sous le sens qu'on ne peut, qu'on ne doit pas plus diffamer le gouvernement que le citoyen. Toutes nos notions publiques nous apprennent qu'à peine de dislocation subite, il faut respecter ce qui, dans la société, est le lien indispensable. Le législateur a voulu la liberté de l'intelligence, car c'est elle qui a surtout été affranchie par nos deux révolutions, et qui est destinée à se mouvoir dans une sphère élevée. Mais encore une fois que ni l'outrage ni l'injure ne soient nécessaires à cette intelligence et qu'elle respecte surtout les lois et le pouvoir.

Ce que je dis là est dans l'instinct public, et la loi, toujours prévoyante, a traduit cet instinct. Qui donc, dans ce monde, pourrait résister à une critique sans règle et sans mesure ? qui donc, dans notre société, a besoin d'injures pour faire prévaloir son opinion, si cette opinion est bonne et légitime ? Quels que soient les hommes qui viennent jamais au pouvoir, ils ne permettront jamais qu'on les traîne dans la boue et qu'on les jette en holocauste à toutes les haines des partis. Au ministère le blâme, non l'injure ; telle est la pensée de la loi, et cette pensée est vraie, morale et tutélaire.

J'ai prouvé que vous aviez excité à la haine et au mépris du gouvernement ; j'ai prouvé, la loi à la main, que vous étiez sortis des limites de la constitution ; mais ce n'est pas tout : Je vous disais tout-à-l'heure que vous aviez menti ; et je vais vous prouver vos mensonges. Vous avez déclaré que les soldats avaient sans nécessité versé le sang des citoyens ; c'est une diffamation odieuse, et je vous répète encore que vous en avez menti ! ayez donc quelques scrupules quand il s'agit de l'honneur des autres, et gardez vous de cette étourderie avec laquelle vous avez si injustement flétri le gouvernement.

Ici M. l'avocat-général raconte, avec de longs détails, les événemens de Macon.

A Mâcon, de quoi était-il question ? D'une rivalité entre portefaix. voilà tout. Il n'y avait pas là d'idée politique. Les portefaix voulaient exercer le monopole du débarquement des vins : le commerce se plaignait ; il parvint à obtenir du maire de la ville des médailles pour un certain nombre de tonneliers. Les portefaix ont vu là un empiétement sur leurs droits menacés ; on transige cependant, et par un accommodement, on convient que les tonneliers porteurs de médailles travailleront concurremment avec les portefaix. Le lendemain, il y a irritation nouvelle ; les têtes s'exaltent ; le garde-port Tréfier se présente, il est menacé de coups de couteau. Douze hommes de troupe de ligne sont envoyés sans armes dans les rassemblemens. Ils sont assaillis ; on envoie leurs camarades pour les délivrer. Une lutte s'engage alors contre eux, 23 fusils sont tordus, brisés ; des soldats sont blessés ; l'ordre n'est pas donné de faire feu ; mais plusieurs d'entre eux, placés à la droite, déchargent leurs armes, et deux personnes tombent mortellement frappées.

Certes, c'est là une collision déplorable ; mais elle fut fortuite, instantanée, et plus tard, ces portefaix de Mâcon, devant les tribunaux, ont exprimé unanimement leur repentir ; et la justice, en les punissant, a adouci autant que possible ses rigueurs.

Mais, qu'on ne s'y trompe pas, ce n'est pas la politique qui a fait éclater ces événemens, et comment le gouvernement, d'ailleurs, aurait-il pu exploiter cette émeute, qui se passait à 150 lieues de Paris, c'est-à-dire du siége du pouvoir, mais où sont, je vous le demande, les cruautés commises par le pouvoir?

M. l'avocat général fait ensuite l'exposé des troubles de Clermont. Dans les tristes événemens de cette ville, toutes les attaques sont venues des citoyens, selon le ministère public, tout le danger a été pour la troupe. Toutefois, M. Rouland avoue que la cour d'assises, à laquelle ont été déférés les troubles de Clermont, n'a pas encore prononcé. Peut-on dire, cependant, que c'est le gouvernement qui a provoqué et calculé ces émeutes? C'est une accusation odieuse, et vous êtes infâmes d'avoir dit cela. C'est vous au contraire qui, par vos excitations sans mesure, avez provoqué toutes les émeutes! Vous vous êtes plaint de ce que vous appelez l'illégalité du recensement; mais le recensement autorise-t-il une population à commettre des actes de carnage et de vandalisme? Et convient-il de dire au gouvernement : je vous accuse d'avoir fait commettre de pareilles atrocités par vos soldats? Ah! je sais bien que, pour ceux-ci, qui sont aussi, je pense, les enfans du peuple, vous êtes sans pitié. Vous ne comptez jamais que les blessures qu'ils donnent et jamais celles qu'ils reçoivent; mais je vous dirai, moi, que le pouvoir, à moins de s'abdiquer, a dû agir et qu'il l'a fait avec une modération qui, si je ne me trompe, a été proclamée dans le procès du *National* dont j'ai déjà parlé (signes de dénégation au banc de la défense); encore une fois, je vous le répète, il y a mensonge dans tout ce que vous avez dit!

Vous invoquerez, je le sais, le bénéfice de la bonne foi; mais ici je vous demande pardon d'arriver à un argument personnel. Chacun, dans ce monde, répond de son cœur, de sa conscience, de ses doctrines; la bonne foi suppose toujours l'impartialité; elle ne s'égare jamais volontairement, mais alors pourquoi se hâter d'adopter un récit qui diffame et qui déshonore? Je vous le demande, à vous Davenay, accordez-vous de la bonne foi au gouvernement? Toujours vous lui supposez de mauvaises intentions, des actes odieux, c'est votre système, c'est votre vie; ne venez donc pas invoquer la bonne foi, car je vois, monsieur, dans les numéros du *Journal de l'Eure* qui sont incriminés, les récits les plus contradictoires; vous êtes heureux de jeter des injures à ce gouvernement, à ce gouvernement que vous n'aimez pas et que vous voudriez voir là où il n'est pas. Il serait donc étrange que vous vinssiez vous cacher derrière une exception, quand cette exception n'a jamais existé. Et si vous demandez pourquoi je suis si sévère envers vous, je vous répondrai : c'est parce que nous connaissons vos antipathies profondes contre la dynastie qui existe. Il y a de votre part des faits et des écrits qui prouvent ces antipathies. Vous savez bien, enfant perdu de la presse (à Dieu ne plaise que je vous en fasse un reproche, je ne fais que répéter ce qui se dit dans le monde), vous savez bien comment d'une opposition peut-être intelligente vous avez passé à une opposition aveugle et systématique. Pour vous maintenant la dynastie régnante est un objet de haine et d'antipathie. Eh bien! quand vous invoquerez la bonne foi, je vous répondrai : Non cela n'est pas vrai et c'est vraiment de la puérilité que de discuter votre bonne foi, quand on est arrivé, comme vous, aux idées systématiques. Au surplus, s'il est vrai que les documens que vous avez reçus vous ont égaré, vous les ferez connaître, vous les produirez dans ce procès.

Je m'arrête ici, et je prie le jury de faire attention à cette réflexion : j'ai dit aux articles qu'ils contenaient des mensonges, de la haine et du fiel; je l'ai dit à l'homme qui les avait écrits; j'ai déclaré avec la même franchise que je ne croyais pas à sa bonne foi. Vous entendrez la défense; vous l'entendrez bien habile, bien puissante, sans doute ; mais je ne vous demande qu'une chose, tenez-moi compte de la franchise que j'ai apportée dans ce débat. Ce n'est pas sans dessein que j'ai été incisif ; le gouvernement, ou celui qui traduit sa pensée, doit traiter en ennemi celui qui est son ennemi acharné ; écoutez la défense, écoutez-la religieusement, elle doit l'être ainsi ; mais écoutez aussi les dernières paroles du débat, car j'ai la conviction de pouvoir dissiper tous les doutes. Au bout de la condamnation que vous prononcerez, j'aurai le droit d'inscrire une flétrissure pour celui que votre verdict aura frappé.

Quand la défense aura parlé, Dieu me garde de présomption, mais jai si bonne confiance dans ma cause, que je prends l'engagement de répondre pied à pied à tous les argumens de l'avocat : j'ai pour moi la justice et la vérité, et je ne crains rien de ce que le talent peut amasser devant vos consciences. Le jury prouvera, par son verdict, qu'en demandant la répression des délits commis par les prévenus, nous avons fait acte d'honnête homme et de bon magistrat.

M. le président : La parole est à Me Saudbreuil, défenseur du gérant :

Me Saudbreuil : Messieurs les jurés, je n'ai pas, ainsi que M. l'avocat-général, d'anciens souvenirs à invoquer, en me présentant dans cette enceinte ; mais je crois avoir aussi, comme lui, d'honorables amitiés, dont je suis fier et sous le patronage desquelles je viens me placer. J'en ai besoin, car la responsabilité à laquelle, malgré mon inexpérience et ma faiblesse, je n'ai pas hésité à m'associer, est grande, et je ne me la suis pas dissimulée. Elle est telle que j'aurais dû peut-être récuser l'honneur que les rédacteurs du *Journal de l'Eure* ont bien voulu me faire, en me choisissant pour un de leurs défenseurs ; mais en acceptant cette responsabilité, je me suis senti soutenu par la sincérité de mes convictions, par le sentiment de mon devoir et surtout par le secours puissant qu'une parole éloquente et éprouvée doit prêter à la défense.

Une chose vous aura frappés comme moi dans ce débat ; M. l'avocat-général vous a dit qu'il aimait la presse ; il l'a, si je ne me trompe, appelée l'Arche-Sainte ; mais il faut avouer qu'il restreint singulièrement ses droits ; il veut bien qu'on critique et qu'on censure, mais il veut qu'au milieu de la lutte ardente et journalière de la presse, l'écrivain apporte dans sa critique le calcul et la froideur que les philosophes apportent dans leurs spéculations, et alors que M. l'avocat-général vous parlait de ce calme dont il fait une loi pour les journalistes, il se permettait des attaques au moins aussi vives et aussi personnelles que celles dont il s'est plaint. (Mouvement.) Eh bien ! je dis que les sorties du journaliste étaient permises, et que les vôtres ne l'étaient pas ; cela vous sera démontré tout-à-l'heure. Infamie à Davenay ! avez-vous dit, infamie ! parce qu'il a flétri les actes du gouvernement ; infamie ! il n'y en a ici pour personne ; vous le savez aussi bien que moi, ni pour les accusés, ni pour la défense, ni pour le ministère public, qui sortiront tous de cette enceinte aussi fiers et aussi honorables qu'ils y sont entrés.

Ne vous dissimulez pas cependant, messieurs, la gravité de ce procès. Croyez-bien que ce n'est pas seulement la condamnation de deux journalistes qu'on vous demande, qu'on ne vous propose pas seulement de frapper deux hommes dans leur fortune et dans leur liberté : mais, que ce qu'on vous propose, c'est d'anéantir complètement un loyal organe de l'opposition.

Déjà de rudes atteintes ont été portées à la prospérité du *Journal de l'Eure*. La presse départementale comptait au nombre de ses principaux élémens de succès et d'existence le droit d'insérer les annonces judiciaires. La malheureuse application d'une loi récente a privé de cette précieuse ressource tous les journaux indépendans. Je n'ai pas à discuter ici cette mesure;là n'est pas le procès et je m'en applaudis. Car je ne pourrais le faire avec franchise sans blesser, à cette audience, quelques susceptibilités, et peut-être même sans heurter de front les convenances judiciaires, si c'est jamais offenser les convenances que de dire la vérité (mouvement). Mais il me sera permis de dire que des esprits sages, sur la modération desquels jamais un doute ne s'est élevé, ont vu avec un profond regret le pouvoir judiciaire s'associer ainsi à une pensée mauvaise du gouvernement. Si quelque chose a pu les consoler de cette intrusion soudaine des passions politiques dans le sanctuaire de la justice, c'est que les résolutions qu'elles ont engendrées ne sont pas éternelles et que le jour n'est pas loin où la magistrature, déplorant ses erreurs, restituera leurs anciens droits aux feuilles indépendantes. Mais en attendant, des entreprises honorables auront été compromises, des journaux ruinés, des écrivains consciencieux réduits à la pauvreté.

Dans cet immense holocauste offert au ministère, le *Journal de l'Eure*, vous l'avez compris d'avance, ne pouvait être oublié. Sacrifié comme les autres, il ne se plaint pas personnellement, mais il vient vous dire : j'ai été déja frappé dans mon patrimoine; une condamnation me ruinerait inévitablement. Cette considération sera puissante auprès du jury, car le jury veut que toutes les opinions aient des organes et soient représentées.

Le ministère public en sera peu touché, je le sais. Je voudrais croire à l'absence de tout entraînement politique, de toute mauvaise tendance de la part du gouvernement; je voudrais le croire animé des meilleurs sentimens pour la presse. Mais, je ne puis pourtant pas fermer les yeux à la lumière, nier l'évidence qui les brûle, pour me servir encore d'une expression de M. l'avocat-général. Eh! quoi, vous qui ordonnez des poursuites contre les journaux, quand même et quoi qu'il arrive, vous qui faites traîner les écrivains sur les grands chemins, la chaîne au cou comme des forçats, vous qui les injuriez dans vos feuilles stipendiées, pourriez-vous nous faire croire à vos sympathies pour la presse? Non. Qu'on ne vienne pas ici protester d'un amour qui n'est pas vrai pour la presse, lorsque de toutes parts on la persécute, lorsqu'elle ne trouve de protection que dans l'impartialité calme du jury. Les journaux indépendans! vous leur avez fait une guerre acharnée; mais heureusement le pays a toujours été sourd à vos appels. Autant de luttes vous avez provoquées, autant de défaites vous avez essuyées. Le *National!* vous l'avez poursuivi quatre fois en quelques jours, trois fois il a été acquitté, une seule fois il a été condamné, Dieu sait par suite de quelle fatale erreur! L'*Impartial du Nord?* acquitté. Le *Courrier de la Moselle?* Acquitté. Le *Progrès du Pas-de-Calais?* Acquitté. Toujours des acquittemens! — Chaque jour apporte une bonne nouvelle. Dans ce moment même, tous les vrais patriotes apprennent avec des tressaillemens de joie que le jury de Pau vient de rendre à la liberté le courageux Raulet, celui là même que l'on avait traîné la chaîne au cou de ville en ville, et de protester ainsi par son verdict contre ces abominables traitemens. (Vive sensation.)

Je laisserai à une parole éloquente et bien connue par les sentimens d'honneur et de patriotisme qui l'animent, le soin de défendre les deux articles incriminés : heureux de pouvoir me renfermer dans la modestie de mon rôle. Défenseur du gérant, je veux me borner seulement à vous entretenir d'une question de pure légalité.

Et d'abord que ceci soit bien entendu de tous. Il ne convient pas au caractère élevé de M. Du Breuil de chercher un refuge derrière des exceptions de bonne foi, d'ignorance ou de nécessité de position, et je manquerais à la confiance dont il m'honore si je le défendais par de tels moyens. M. Du Breuil a connu les articles incriminés et en accepte la responsabilité. Il ne vient pas séparer sa cause de celle de M. Davenay en vous disant : Si vous condamnez M. Davenay, acquittez moi. Je crois être le fidèle interprète de sa pensée en vous disant au contraire que vous le contristeriez profondément si, dans cette circonstance, vous lui faisiez un sort meilleur que celui que vous réservez à son collaborateur et à son ami.

Mais ce désintéressement, auquel mon cœur applaudit, ne peut cependant faire taire mes scrupules de légiste ; il est une question de légalté que je dois soumettre à vos consciences, et pour la solution de laquelle il vous importe de savoir ce qui s'est passé.

Après la double saisie, M. Du Breuil est appelé le premier auprès de la justice, et il accepte, sans hésiter la responsabilité des articles. Mais M. Davenay se présente de lui-même devant le juge d'instruction, déclarant qu'il en est l'auteur, et revendique sa part des poursuites.

Rien n'est plus honorable au monde que de présenter ainsi sa poitrine aux coups qui menacent une autre poitrine, et, comme l'a dit M. Davenay dans son journal, avec cette chaleur de style que M. l'avocat-général accusait tout-à-l'heure, mais que vous ne condamnerez pas : « Il ne pouvait convenir au rédacteur en chef du *Journal de l'Eure* de jouer le rôle d'un gladiateur qui aurait toute sa force dans son bouclier. »

Ici le défenseur établit quelle est, aux yeux de la loi, la position d'un gérant dans un journal. Le gérant est responsable de tous les articles publiés, parce que le journal est une œuvre collective. S'il y a délit, le gérant est forcément auteur principal ; mais si le journaliste, s'avouant l'auteur des articles poursuivis par le ministère public, vient prendre la place du gérant, c'est contre celui-là que les coups devront se diriger, le complice devient le principal coupable, et dès lors la double poursuite est inutile. D'ailleurs, dans l'espèce, la signature de M. Davenay, rédacteur en chef, est apposée tous les jours sur le journal, à côté de la signature de M. Du Breuil. La responsabilité de celui-ci n'est plus qu'une chose de luxe, et les poursuites exercées contre lui une chose plus luxueuse encore. Autre considération : le ministère public demande contre les prévenus une condamnation corporelle et une amende. Eh bien ! que le ministère public se rassure, en acquittant le gérant, le jury ne l'affranchirait que de la peine corporelle ; la peine de l'amende resterait toujours à sa charge puisque c'est sur le cautionnement que se prélèvent les amendes, et que le cautionnement appartient au gérant.

C'est donc au nom des principes légaux que Me Saudbreuil demande la mise hors de cause du gérant.

L'audience est suspendue et reprise après quelques minutes.

M. le président : Me Favre vous avez la parole.

Me Jules Favre se lève et commence ainsi sa plaidoirie au milieu d'un profond silence et de l'attention générale :

Messieurs les jurés, les très courtes observations que vient de vous présenter l'honorable avocat qui m'a précédé dans ce débat, vous prouvent que le *Journal de l'Eure* n'avait pas besoin de chercher son défenseur hors des bancs de ce barreau; mais M. Selme Davenay a bien voulu faire un appel à mon zèle et je n'avais pas à hésiter; car, dans les mauvais jours où nous nous trouvons, quand la presse est attaquée sur tous les points du royaume, tous ceux qui ont une parole indépendante ne doivent pas reculer devant les occasions de la défendre.

Et tout d'abord, qu'il me soit permis de le dire, j'ai entendu retentir dans cette enceinte des paroles étranges, des paroles qui ne devraient pas sortir de la bouche du ministère public. Si en effet la modération est la compagne de la véritable force, de celle qui se puise dans l'examen calme des faits et non dans les excitations de la passion, M. l'avocat-général aura été loin de produire une impression favorable sur vos esprits, et j'aurai peu de chose à faire pour réfuter son réquisitoire. Cependant, je dois l'avouer, il s'est placé sur un terrain où j'éprouve un embarras mortel à le rencontrer.

Il n'entre pas dans mes habitudes de me servir de ces formules auxquelles j'avais le droit de ne pas m'attendre, et qui ont acquis d'autant plus de gravité qu'elles sont sorties de la bouche de l'organe de la loi. Elles ont, je ne crains pas de le dire, douloureusement affligé cette audience, et je me garderai de les repousser par des formules analogues, parce qu'il ne me semble pas nécessaire, pour être vigoureux, de manquer aux règles des convenances et de la bonne compagnie (Sensation)... Non, la défense, dans sa dignité, ne repoussera pas l'injure par l'injure et elle ne s'oubliera pas jusqu'à redresser ces mots de *menteur* et d'*infâme* qui ont été prodigués par le ministère public avec si peu de mesure et de ménagement. Je répondrai à ses reproches d'infamie et de mensonge, sans avoir recours à de semblables paroles; en remplissant mon ministère avec toute l'énergie dont je me sens susceptible, je prouverai à M. l'avocat-général qu'il est facile de s'abstenir de ces fâcheux écarts, et à une partie de ses attaques, je ne ferai d'autre réponse qu'un appel au bons sens, à la conscience, aux lumières des membres du jury.

Ce que vous devez savoir, messieurs, ce qu'il importe de vous expliquer avant tout, c'est que c'est ici non-seulement un procès grave, mais difficile, et que vous devez apporter dans son examen un scrupule plus grand, pour deux raisons principales : la première, c'est que les circonstances extérieures influent toujours sur les poursuites dirigées contre la presse; et qu'il existe toujours des illusions dans lesquelles l'esprit de parti peut faire tomber; la seconde, c'est qu'en matière de presse, les délits qu'il s'agit de réprimer sont les plus insaisissables et les plus élastiques du monde.

Dans les procès faits aux crimes ordinaires, il y a un fait simple, matériel, quel que soit le ministre qui tient le timon des affaires, qu'il s'appelle M. Thiers ou M. Guizot, les voleurs ou les faussaires sont toujours poursuivis avec une égale énergie. Mais en est-il de même dans les procès faits aux écrivains politiques? Evidemment non. Qu'est-ce à dire, sinon qu'à tel ou tel système politique est attaché tel ou tel système de répression. Tantôt il y a liberté absolue, tantôt il y a recrudescence de poursuites, selon que tels ministres sont au pouvoir; à tel nom se rattachent des idées de liberté, de laisser-faire, à tel autre des idées de poursuites et de répression, et ceci vous explique pourquoi, dans ce procès, le ministère public, malgré l'impartialité qui doit être sa règle, est sorti des bornes de la convenance et de la modération; c'est que, dans cette cause, il voit une cause politique et qu'il a intérêt à la gagner. (M. l'avocat-général prend vivement des notes). Encore une fois, je ne me servirai pas des expressions injurieuses employées par le ministère public, je ne lui dirai pas, et je pourrais le faire par voie de récrimination : Je vais vous arracher votre masque! non, je sais me contenir, dans les bornes de mes devoirs, j'établirai la position respective des adversaires et cela me suffira pour gagner ce procès. (Mouvement.)

MM. les jurés, lorsque, dans l'exercice de vos éminentes fonctions, vous avez à prononcer sur un crime ordinaire, votre mission est simple et nettement limitée; vous puisez dans le débat, dans les pièces de l'instruction, dans les dépositions des témoins la lumière qui éclaire vos consciences, et vous prononcez avec sécurité sur la culpabilité de l'accusé. Mais ici, voyez quelle différence! Il s'agit, pour vous, de descendre dans les plis du cœur, d'analyser la pensée de l'écrivain, d'interroger sa conscience, et vous concevez que cette interprétation dépend du point de vue où le juge s'est placé. Apprécier la pensée d'un écrivain, c'est consommer l'œuvre qui soit la plus difficile à l'homme, c'est presqu'égaler Dieu. Vous devez donc vous mettre en garde contre les illusions du sophisme, et quand vous recherchez si une pensée est coupable, vous devez laisser au dehors toutes les inspirations politiques.

Rien donc de plus difficile que de juger un délit de presse, et en voulez-vous une preuve? je vais la tirer de ce procès même. Depuis la poursuite dirigée contre le délit qu'on nous impute, nous avons passé par trois phases judiciaires : nos articles ont été examinés par le procureur du roi, par la chambre du conseil et par la chambre des mises en accusation. Eh bien! aucune de ces trois autorités n'a été d'accord sur la façon d'apprécier la position légale des prévenus. Messieurs les jurés, nous attendons avec confiance la décision de la quatrième autorité, qui est la vôtre, et nous espérons qu'au lieu de multiplier les délits, vous les anéantirez tous (On rit), et ce qui vous prouve encore, messieurs les jurés, combien les distinctions en pareille matière sont difficiles à établir, c'est que le délit que nous avons commis, délit qui, si nous en croyons le ministère public, serait gros comme une montagne, a échappé à la vue de messieurs les gens du roi, et qu'après avoir été aperçu par les juges composant la chambre du conseil, il a de nouveau, en partie du moins, disparu aux yeux de messieurs de la chambre des mises en accusation. N'est-il pas évident que nous marchons dans les sentiers les plus obscurs, et qu'il ne faudra pas moins que toutes les lumières de votre intelligence pour accorder entre eux messieurs les magistrats. (Nouveaux rires dans l'auditoire.)

Ceci posé, vous voyez avec moi que le ministère public peut toujours faire des saisies, des réquisitoires et toujours vous demander des condamnations; mais aussi qu'il peut souvent rencontrer des acquittemens. Quel est donc le délit qu'on nous reproche? dans le premier article, nous avons excité à la haine et au mépris du gouvernement. Rien de plus clair que ce délit, vous a-t-on dit ; et, procédant par hypothèse, on a ajouté : que diriez-vous si un journal venait travestir et calomnier vos actes? Vous en demanderiez réparation. Eh bien! le gouvernement fait comme vous. Il n'y a qu'un malheur en tout cela, c'est que M. l'avocat-général a été forcé de nous faire une concession dont nous nous emparons avec empressement; cette concession, c'est que la faculté de critiquer les actes des fonctionnaires publics appartient à tous les citoyens, et que cette faculté peut s'exercer, non pas avec cette mansuétude que M. l'avocat-général ne recommande qu'à ses ennemis. (Sourires) mais avec cette franchise de parole, cette liberté de pensée, et tous les élans de cette passion sainte qui émane de la conviction et que l'écrivain a le droit de faire passer dans la feuille qu'il rédige.

La presse, messieurs, ne demande ni la liberté illimitée, ni la dictature : elle relève d'une puissance qui est la vôtre, et ne croyez pas que, placée sous cette juridiction, elle se révolte ou qu'elle murmure. Quelle est la règle qui se place entre le pouvoir qui attaque nos libertés et la presse qui montre au gouvernement les voies où il s'égare? cette règle, c'est votre conscience. Si vous trouvez dans l'article qui vous est déféré, de l'ardeur, de la passion, même du fiel, est-ce que vous ne tiendrez pas compte à l'écrivain des circonstances au milieu desquelles il aura formulé sa pensée et tenu sa plume? l'écrivain emporté par la chaleur de ses convictions doit être considéré comme innocent, quand même il aurait été jusqu'à l'expression de la haine et du mépris dans ses attaques. Toute la question est de savoir si les attaques sont fondées. Vous avez beau me dire qu'il a excité à la haine et au mépris du gouvernement, le jury acquittera, si les actes du gouvernement ont été méprisables. (Mouvement.)

Ce que je dis, messieurs, pourrait vous sembler paradoxal et hardi; cependant, je le dis avec M. Odilon Barrot et avec M. Thiers, qu'on peut citer aujourd'hui avec une accolade (sourires), ce que je disais, M. Thiers l'a dit dans la discussion des lois de septembre 1835, qu'on n'accusera pas sans doute de bienveillance pour la presse.

Ici l'honorable défenseur cite les discours prononcés par M. Thiers et M. Odilon Barrot, dans la discussion de la loi de 1835; M. Thiers, comme ministre du roi à cette époque, reconnaissait que l'examen de tous ses actes appartenait à la discussion, à la critique, à la passion, à la haine, quelquefois à la calomnie. Et M. Odilon Barrot parlait comme M. Thiers.

On ne peut donc pas poser en règle absolue qu'il est abominable d'exciter à la haine et au mépris du gouvernement. Autrement, prenez y garde, quelle serait la condition de la presse; dans le système du ministère public, ce serait de faire toujours et en tous cas l'apologie du gouvernement. (M. l'avocat-général fait un signe de dénégation.) Je remercie M. l'avocat-général du signe de dénégation qu'il vient de faire. Je lui demande maintenant: me permettra-t-il de critiquer les actes d'un garde-champêtre? oui; eh bien! à plus forte raison il me sera permis de critiquer à un point de vue sévère les actes d'un ministre, d'un ministère tout entier, surtout quand ce ministère trahit les intérêts et l'honneur du pays. Et si cette pensée, si cette critique excite à la haine du gouvernement, quel sera l'homme responsable, sinon celui qui aura entraîné la France dans des voies fatales. Oui, je le dis avec M. Thiers et M. Odilon Barrot, si le gouvernement fait des actes coupables, c'est un droit pour la presse et bien plus, c'est un devoir d'exciter à la haine et au mépris du gouvernement. (Sensation). Et quand vous êtes assez téméraires pour traduire devant la justice du pays les écrivains courageux qui se plaignent des lâchetés du pouvoir, la justice du pays vous répond par des acquittemens! Voilà les leçons que vous recevez du jury! (Sensation prolongée.)

Maintenant, à l'aide des lumières que je viens de puiser dans la discussion des principes légaux, j'examine si les articles contiennent véritablement les délits qui nous sont imputés. M. l'avocat-général en a vu deux dans le premier article. Je vais le relire et le discuter, avec cette bonne foi dont le ministère public ne peut vouloir le monopole; qu'il me permette d'en réclamer quelque chose pour moi. (Rires dans l'auditoire.)

Ici Me Jules Favre, après avoir lu l'article du 14 septembre intitulé *situation*, continue: le ministère public nous reproche d'avoir attaqué le roi. Mais messieurs, il ne s'agit pas du roi dans cet article, et c'est M. l'avocat-général tout seul qui le fait figurer ici; en telle sorte que, si j'avais l'honneur d'être assis sur son siége de ministère public, je me verrais dans la nécessité de prendre des réquisitions contre lui (nouveaux rires.) Dans cet article tout nous semble parlementaire; mais il s'y trouve des lettres italiques qui deviennent coupables dans la pensée de M. l'avocat-général; c'est moins que cela encore. Le délit, quel est-il? un monosyllabe, c'est *on*. *On*, c'est le roi, s'écrie le ministère public. Je croyais que tous ceux qui étudient la langue et la grammaire, et M. l'avocat-général et moi nous y sommes forcés par état, prenaient *on* pour une particule collective. Que répondre! rien. J'attendrai la réplique de M. l'avocat-général, car il s'est réservé beaucoup d'armes qu'il n'a pas encore produites, et il fortifiera, je l'espère, cette partie du débat qui, dans son réquisitoire, me paraît faible. (Long murmure d'approbation dans l'auditoire).

M. *le président*: Huissier, faites faire silence.

Me Favre continuant: M. l'avocat-général est trop bien habitué aux finesses de la langue, pour se méprendre sur le sens de ce mot, de cette innocente particule. *On*, dans l'article, signifie l'ensemble des volontés, des influences, des intrigues qui décident de l'existence ministérielle. Et ici pas de subterfuges; oui nous avons parlé des Tuileries et des personnes qui y viennent plus par intérêt que par affection; oui nous avons parlé de la cour, de cette réunion d'hommes qui composent l'entourage des Rois, qui les trompent, les compromettent devant le pays indigné, et les conduisent quelquefois, les uns à l'échafaud, les autres à Cherbourg! (mouvement prolongé.)

Voilà ce que nous avons attaqué! et remarquez, Messieurs, que ce que je viens de vous dire, la défense aurait pu s'en dispenser. Sommes-nous accusés pour avoir attaqué la personne du Roi et détourné de sa Majesté l'inviolabilité, cette auréole protectrice qui, pour nous, est le moins clair et le plus mystérieux de tous les dogmes connus! Non, messieurs, en désignant cet être impersonnel, nous avons parlé de cette collection d'influences et d'intrigues qui se meuvent au château et ailleurs, et, par exemple aussi, de la majorité des chambres qui décide des existences ministérielles et devant laquelle la puissance royale est souvent forcée de se courber.

Nous avons parlé du ministère, nous avons spécialisé nos critiques, nous avons désigné M. Guizot et nous avons souhaité que, devant l'action libre de la chambre, il fût forcé d'abandonner son portefeuille; où est le venin, le fiel, le délit? Je me demande si notre article n'est pas écrit dans la forme la plus modérée et si, sous ce rapport, il ne pourrait pas soutenir avantageusement la comparaison avec le réquisitoire que vous venez d'entendre.

Mais, nous dit-on, c'est le dernier paragraphe qui recèle le délit: jusqu'à présent nous n'en avons tenu que le germe; dans les dernières lignes il éclate à tous les yeux. Voici cette fin d'article:

« Bonnes gens, qui ne savent pas ou feignent de ne pas savoir que les masses en France ne s'occupent pas de politique pour des changemens de ministère; qu'elles subissent long-tems sans se plaindre le joug qu'un système impopulaire fait peser sur elles; mais que lorsqu'elles se décident enfin à sortir de leur léthargie, ce n'est plus seulement pour assister à une révolution de portefeuilles. »

Bonnes gens! Est-ce clair? Nous dit M. l'avocat-général, qui veut toujours que nous ayons attaqué la personne royale. Mais pour nous rien n'est moins clair que ce mot *bonnes gens;* cette expression est on ne peut plus collective: elle s'applique encore aux influences désignées d'ordinaire dans la presse indépendante par le terme de *château*.

Il faut donc abandonner ce délit banal d'excitation à la haine et au mépris du gouvernement. M. l'avocat-général, si je ne me trompe et si j'ai bien compris son réquisitoire, en a lui-même fait bon marché, et je passe au deuxième article.

Le défenseur, après avoir donné lecture de l'article intitulé: *les émeutes parisiennes*, continue ainsi sa plaidoierie : On nous accuse d'avoir exprimé le vœu, l'espoir et la menace du renversement du gouvernement et l'on invoque contre nous la loi de septembre.

Or, pour encourir les pénalités de cette loi, il ne suffit point d'exprimer un vœu, un espoir, une menace, qui ne sont que les élémens du délit, mais pour que ce délit soit complet, il faut qu'il y ait eu de la part de l'écrivain acte d'adhésion formelle à une autre forme de gouvernement, qu'il ait émis le vœu de voir un autre état, une autre dynastie succéder à l'état constitutionnel, à la dynastie actuellement régnante.

Eh bien, l'article est complexe, et pour être coupable, il ne suffit pas que nous ayons dit d'une façon générale ; le pays, après, telles ou telles erreurs de ceux qui nous gouvernent, aboutira à un cataclysme ; il faudrait que nous eussions formulé notre pensée, en exprimant par exemple le vœu de la restauration des Bourbons ou de l'avènement de la république. Qu'a dit l'écrivain ? que si M. Guizot continuait à rester aux affaires et à déshonorer la France, le gouvernement serait bouleversé ; que le ministère actuel, par ses résistances entêtées, entraînerait lui-même le pays dans les voies révolutionnaires, et il a dit : Je souhaite que ce ministère soit renversé ; est-il sorti de son droit, je vous le demande ? et dans quel tems vivons-nous donc, pour que de pareilles paroles soient poursuivies ? Oh ! je le sais, c'est la folie de tous les pouvoirs de se croire éternels, de croire à leur force virtuelle ; et c'est cette folie qui m'explique les tentatives successives du pouvoir contre la presse, depuis l'établissement du système constitutionnel parmi nous. Qu'arrive-t-il alors ? c'est que la liberté de penser ne peut être emprisonnée, et que, s'échappant des liens où on veut la retenir, elle souffle tout-à-coup l'esprit de révolte sur les populations qui s'émeuvent et s'insurgent. Ces révolutions ne sont-elles pas dans les desseins de la Providence, puisqu'elles se renouvellent à toutes les époques ! que le ministère public me réponde ! Est-ce que le pays, depuis cent ans, a été assez ménagé par les révolutions, pour qu'il soit permis à M. l'avocat-général de prononcer de pareils réquisitoires, et de revendiquer l'éternité pour son gouvernement ? Quel principe représente-t-il donc ici, après la révolution de 1830 ? est-ce le principe dynastique ou le principe révolutionnaire ? (Mouvement)

Il y a douze ans, sur le trône de France régnait un homme qui se faisait fort aussi de résister à l'opinion publique. Il voulut un jour en finir avec elle. La presse l'inquiétait, il la fit poursuivre et il arriva qu'un autre homme qui lui était personnellement dévoué, dont les cheveux avaient blanchi dans l'exil volontaire où il avait suivi ceux auxquels il avait consacré toute sa vie, il arriva, dis-je, que ce vieillard fit entendre au monarque un avertissement sévère. Cet homme fut amené devant une cour de justice, sur le banc des criminels ; dans sa sollicitude, dans sa prévision, il s'était écrié : *Malheureux roi ! Malheureuse France !* Et j'entends encore la voix du ministère public lui reprocher d'avoir fait remonter le blâme jusqu'à la responsabilité royale et s'écrier : « Insensés ! songez que, quels que puissent être les égaremens de la passion, ils viendront toujours se briser contre le trône. » Qui donc était insensé ? Le vieillard ou les conseillers du trône ? L'indépendance de la magistrature protégeait l'écrivain et quelques jours après la couronne du monarque volait en éclats, et Charles X reprenait, abandonné de tous, le chemin de l'exil (Sensation.). Et maintenant, s'écrie le défenseur avec une admirable énergie, quels sont ces hommes que nous avons attaqués ? Quels sont-ils par leurs actes passés et par leurs actes présens ? Nous avons le droit de les examiner. Ce n'est pas notre faute si leur vie est pour eux une flétrissure. Quand Charles X, qui n'était encore que le comte d'Artois, quitta, pour la première fois la France d'où l'exilait notre glorieuse révolution, quel homme avait-il a côté de lui? ce même vieillard dont je vous parlais tout à l'heure. Homme de l'émigration, imbu de toutes les idées de l'ancien régime, on conçoit qu'il ait pu s'égarer jusqu'au point d'abandonner sa patrie que l'ennemi attaquait et qui avait besoin de ses enfans pour la défendre; mais M. Guizot, cet homme qui s'est enfui à Gand, avait-il les mêmes traditions et peut-il avoir la même excuse? Ah! je veux en parler sans passion, mais j'ai bien le droit de dire que M. Guizot, chassé de la Sorbonne par Napoléon, qui y voyait clair quand les hommes manquaient de cœur, est allé à l'étranger se mettre aux pieds des alliés; et qu'après avoir rédigé le *Moniteur* de Gand qui traitait de vils brigands nos braves tombés à Waterloo, et qui insultait notre gloire et le drapeau sacré de la patrie, il revenait en France pour organiser les cours prévotales et la censure; que plus tard encore cet homme sinistre est apparu dans le conseil pour se proclamer exécuteur impitoyable, et dire effrontément que tout devait lui céder. J'ai bien le droit de vous rappeler ce que disait M. Guizot, alors que de ses deux mains il se cramponnait à la tribune d'où voulait l'arracher M. Thiers, qui lui reprochait de s'être laissé jouer par l'Angleterre: Ce n'est pas à l'extérieur qu'est le danger, disait-il, c'est à l'intérieur! Eh bien! c'est cet homme sinistre qui a produit toutes nos dissensions; c'est par sa fatale influence que les factions ont dévoré notre pays, et quand nous l'accusons d'avoir conspiré contre notre gloire et notre honneur au dehors, d'avoir ensanglanté nos cités par ses ordres impitoyables, vous voulez nous punir!... Ah! non, messieurs les jurés, vous ne nous condamnerez pas pour avoir été hardis et généreusement hardis!.. (Des applaudissemens éclatent dans toute la salle. Longue et vive sensation.)

M. le président: Si ces applaudissemens se renouvellent, je serai obligé de faire évacuer la salle. Toutes marques d'approbation ou d'improbation sont défendues.

Me Favre: Je crois en avoir assez dit, messieurs, pour vous convaincre que les délits qu'on nous reproche n'existent pas. M. l'avocat-général vous a raconté les rassemblemens qui ont eu lieu à Paris. Les rassemblemens qui ont eu lieu à Paris au commencement de septembre ont duré 21 jours, au grand détriment de la sécurité publique et du commerce. Provoqués par la nouvelle de l'insurrection de Clermont, dont la population parisienne avait été douloureusement affectée, ils auraient pu être promptement dissipés et la police semble avoir pris plaisir à les tolérer; puis, lorsqu'elle s'est décidée à agir, partout où elle s'est présentée elle a traité les citoyens avec une brutalité révoltante, à coups de bâtons et de plat de sabres. Si vous voulez des preuves nous vous citerons des autorités venues d'hommes patentés, et vous savez si de nos jours la patente est une puissance. Eh bien! j'ouvre le *National* (sourire au banc du ministère public), je remarque que M. l'avocat-général fait un signe de dédain. Pourquoi n'irions-nous pas chercher de l'appui chez nos amis? D'ailleurs le n° du journal que je vais vous lire n'a pas été poursuivi, le parquet n'y a trouvé rien à reprendre et vous savez s'il laisse rien passer dans le *National* qui lui déplaise!

Voici donc la lettre que publiait cette feuille sous la date du 14 septembre.

« Vendredi au soir, à dix heures, au moment où la police dissipait le rassemblement qui s'était formé sur la place du Châtelet, plusieurs personnes s'étaient réfugiées chez le marchand de tabac, à l'angle de la rue Saint-Germain-l'Auxerrois et de la place du Châtelet. Un homme venait d'allumer sa pipe, et, placé près de la porte, regardait sur la place. Alors un grand nombre de sergens de ville, précédés d'individus à figure sinistre et armés de cannes et de bâtons, passaient devant la boutique en chassant devant eux le rassemblement. L'un de ces individus, sans qualité, sans titre apparent, prit par le bras le fumeur curieux, en lui adressant ces paroles : « *Marche donc, canaille.* » Or, il était dans l'intérieur de la maison; mais, à cette brusque attaque, il repoussa son adversaire et sortit en murmurant contre sa brutalité. A peine avait-il fait quelques pas, que les agens armés de bâtons l'entourèrent, firent pleuvoir sur lui une grêle de coups de cannes et de bâtons; quand il fut presque assommé, les sergens de ville s'en emparèrent et le conduisirent au poste.

» De pareils faits ne sont-ils pas bien capables de provoquer l'indignation?

» Quelques instans plus tard, une femme traversait la place en marchant très vite, l'un de ces hommes aux bâtons ne trouvant pas, probablement, qu'elle marchât assez vite, l'engagea à se hâter davantage en la frappant violemment à coups de pied.

» Voici les noms et adresses de plusieurs personnes qui pourront, au besoin, attester ces faits :

» M. Royer, fabricant, rue Saint-Germain-l'Auxerrois, 45 ;

» M. et Mme Loipleur, imprimeur, rue des Juifs, 10 ;

» M. Joncielle, emballeur, rue Saint-Germain-l'Auxerrois, 45 ;

» M. Antoine Faubert, imprimeur;

» M. Verger, imprimeur. »

Eh bien! cet article ne dit pas autre chose que ce que nous avons dit nous-mêmes. Il était publié le 14 septembre et le nôtre est du 16, que voulez-vous que pense le journaliste qui reçoit un semblable article non poursuivi par le pouvoir; nous avons parlé par insinuation, sans rien préciser; le *National*, au contraire, a cité des faits. Tout-à-l'heure M. l'avocat-général a fait l'éloge de la conscience des ministres. Si cet éloge est mérité, M. Guizot a dû être profondément offensé, et M. Martin du Nord, qui est ministre de la justice, et M. Benjamin Delessert, qui est préfet de police, ont dû se sentir bien vivement irrités d'une pareille lettre publiée dans le *National*. Si les faits qu'elle contient sont faux, l'irritation de ces trois personnages a dû se traduire par des poursuites. Comment m'expliquerez-vous alors que l'article n'ait pas été poursuivi? Les journalistes de la province ont-ils dû se méfier de ces journaux écrits au siége même des événemens et circulant en toute liberté par toute la France? D'ailleurs ce qui était grave le 13 était bien grave encore le 15 et le 16; et si alors le tapage de l'émeute redoublait, la brutalité de la police redoublait aussi. M. l'avocat-général m'a demandé des preuves, j'en ai déjà donné, j'en vais donner encore.

Voici une autre lettre:

« Vendredi dernier, deux jeunes gens de notre maison passaient place du Châtelet, à neuf heures du soir, lorsque des cris qui partaient d'un groupe assez nombreux se firent entendre. Ces deux jeunes gens, poussés par la curiosité, s'avancèrent assez près, pour savoir ce qui se passait, lorsqu'une nuée d'assommeurs, de sergens de ville, les assaillirent à coups de bâtons, et non contens de les avoir maltraités, ils les conduisirent en prison. Le lendemain, des perquisitions furent faites à leurs domiciles, inutile de dire qu'elles furent sans résultat, leurs patrons, connaissant la probité et les bons antécédens de leurs employés, et sûrs, d'ailleurs, de leur innocence, allèrent les réclamer, mais en vain! cette responsabilité ne suffisait pas à M. Delessert. Le jour de leur arrestation, un propriétaire voisin allait réclamer les jeunes détenus chez le commissaire du quartier où ils avaient été arrêtés. Ce commissaire répondit qu'il n'avait pas le tems de s'occuper de pareilles *canailles*...

» Agréez, etc. L. Dumas, rue St-Antoine, 75. »

Ces faits ont une extrême gravité: vous avez entendu, dans la bouche du ministère public, quelques-unes de ces imputations qui ne s'échangent jamais dans le monde, sans qu'on se rencontre avec des armes plus incisives que des paroles (mouvement); eh bien! je vous le demande à présent, n'avions-nous pas le droit, connaissant ces faits, de les qualifier avec la vigueur qu'on nous reproche, et les écrivains qui recueillent de pareils renseignemens, qui les reproduisent en les flétrissant, méritent-ils d'être conduits en cour d'assises, d'être condamnés à l'amende et à la prison?... Mais y a-t-il dans l'article du *Journal de l'Eure* quelque chose qui sente la calomnie? Je vais vous le relire, messieurs les jurés; je vous demande pardon de fatiguer ainsi votre attention, mais le procès est grave et c'est pour nous, vous le savez bien, puisque M. l'avocat-général vous l'a dit, une question d'honneur, de liberté et d'argent, les trois choses que l'on aime le mieux dans ce monde (sourires dans l'auditoire).

L'honorable défenseur donne encore une fois lecture de l'article du 16 septembre; il en discute les termes et l'esprit.

Le *Journal de l'Eure* a dit que la tentative d'assassinat était venue en aide au ministère; les termes mêmes du rapport de M. de Bastard, confirment cette assertion, et la réaction essayée contre la presse depuis ce jour fatal, ne rappelle que trop celle dont, à une autre époque, lors du meurtre du duc de Berry, elle fut l'objet. Le rédacteur, il faut lui rendre cette justice, proteste contre les doctrines des Communistes: eh bien! ces Communistes, contre lesquels il s'élève, ils tenaient à Paris leurs réunions, non pas seulement dans des caves, comme les premiers chrétiens, quoique pour un bien autre but, mais dans des cabarets, publiquement, comme le constate M. de Bastard. La police connaissait ces réunions, elle les tolérait, elle y laissait lire un journal infâme, l'*Humanitaire*, je crois, dont deux épouvantables numéros ont paru sans être poursuivis, sans que ses auteurs aient été recherchés. Le ministère doit donc porter la responsabilité des désordres que son inconcevable négligence a encouragés, et le *Journal de l'Eure* a pu dire que la tentative d'assassinat, qui en a été la conséquence, devait, jusqu'à un certain point, lui être imputée. Mais quand il a fallu s'expliquer sur cette tentative, il n'a pas hésité à la flétrir du nom de stupide. Cette qualification paraît insuffisante à M. l'avocat-général. Nous n'en connaissons pas de plus énergique, de plus propre à dépouiller l'assassinat politique de cette fausse auréole dont on l'a, trop souvent, entouré.

Arrivant aux troubles de Mâcon et de Clermont, Me Favre exprime les regrets qu'ont causés à tous les bons citoyens les détails de ces tristes événemens. Ici, dit le défenseur, mon cœur bat avec celui de M. l'avocat-général, et je me réunis à lui pour donner des larmes au sang versé, mais pourquoi restreindre ainsi la cause et mettre ainsi en face les uns des autres des citoyens égarés et ces braves soldats qui gémissaient d'avoir à verser du sang français, eux qui auraient tant voulu tourner leurs balles contre les poitrines de l'ennemi? le ministère public a raconté, comme il les connaît, les événemens de Mâcon; mais j'étais à Mâcon au moment où les troubles éclataient et je pourrais lui dire que le jugement du tribunal correctionnel de cette ville a reconnu que la troupe avait fait feu la première et que cette malheureuse femme qu'on avait dit tuée par une bûche, avait eu la cervelle emportée par les balles des soldats! Mais je ne veux pas insister sur ces douloureux événemens, je ne veux rien reprocher à ces militaires qui, comme les citoyens, ont été égarés : les vrais coupables, ce sont les fauteurs de ces déplorables scènes, ce sont ceux qui lancent les soldats contre le peuple, qui résistent aux conseils municipaux et qui, pour une question d'amour propre, ensanglantent le pays. Voilà pourquoi nous avons dit que le ministère était responsable du sang versé; vous avez parlé du procès perdu par le *National* à l'occasion des troubles de Mâcon; le jury parisien a rendu un verdict de culpabilité, parce qu'il pensait alors que le premier coup de feu était parti des rangs des citoyens. La vérité s'est fait connaître par le jugement du tribunal de Mâcon et nous savons aujourd'hui que le premier coup de feu est parti des rangs des soldats. Encore une fois, je ne leur adresse point de reproches : ce que je constate, c'est l'existence des désordres qui désolent la France. Et la source de ces désordres, je la place dans les résistances entêtées de ce ministère que je proclame impitoyable, qui n'a pas voulu, dans la question brûlante du recensement, attendre la réunion des pouvoirs parlementaires et qui a répondu à toutes les protestations en expédiant partout des ordres sanguinaires; c'est contre le ministère, duquel ces ordres sont émanés, que nous nous sommes élevés, et nous n'avons pas attaqué la personne royale. Vous relirez nos articles et vous verrez que nous avons attaqué le ministère et toujours le ministère; c'était notre droit, nous en avons usé; c'était notre devoir, nous l'avons rempli.

Dois-je m'arrêter aux critiques que M. l'avocat-général a faites des lettres italiques employées dans l'article. En réalité, la chose en vaut-elle la peine et peut-on attacher tant d'importance à la forme plus ou moins penchée d'un caractère d'imprimerie? (On rit.) Vous laisserez ces misères, et c'est notre pensée que vous rechercherez au fond de l'article : cette pensée, vous la connaissez déjà et vous l'absoudrez, j'en suis sûr.

Et maintenant ne m'est-il pas permis de dire, comme mon jeune et honorable confrère, que ce qu'on veut dans cette cause, ce n'est pas la répression d'un délit qui est si bien dans les nuages, que trois autorités judiciaires n'ont pu réussir à l'apprécier; ce que l'on veut, c'est l'anéantissement de tout esprit d'opposition dans ce département : c'est la mort de la presse libérale que médite le pouvoir, et ceci vous explique la présence extraordinaire de M. l'avocat-général dans ce procès. Partout des ordres ont été donnés.

La liberté de la pensée triomphera dans tous les tems, et vous comprenez que les calomnies, qu'on nous a adressées par voie d'insinuation, nous ne les acceptons pas. Si vous avez des faits contre nous, produisez-les, faites des biographies, mais n'insinuez pas. Ah! je le sais, depuis que de tristes exemples et de fâcheux précédens ont été donnés par la magistrature élevée, le ministère public n'a plus ces nobles et saints scrupules d'autrefois. D'après ces précédens, ce ne serait pas le jury qui devrait connaître du crime de M. Davenay, auquel vous reprochez si vivement ses antipathies secrètes contre la dynastie régnante.

Organe du ministère public, ne manquez-vous pas à tous vos devoirs en nous provoquant, comme vous l'avez fait, à déclarer ici nos sympathies et nos antipathies. Nous répondrons à vos provocations que notre caractère est nettement dessiné dans notre journal; et quels que soient les piéges de l'accusation, nous n'y tomberons pas. (Mouvement.)

M. L'avocat-général vous dira-t-il que toute opposition doit être flétrie? essaiera-t-il, comme on l'a fait ailleurs, d'étendre cette proscription jusqu'à la critique la plus modérée, parce qu'elle mine les fondemens du pouvoir? Et, pour appuyer ses dangereuses propositions, aura-t-il recours aux calomnies dont MM. les gens du roi sont aujourd'hui si prodigues contre les écrivains? Je comprendrais que ces exagérations pussent produire quelqu'effet dans tout autre département que celui-ci. Mais ici, comment espérer de faire illusion sur la moralité des hommes de l'opposition, lorsque ce pays est fier de choisir, pour son représentant, le vénérable apôtre de la démocratie, que je vois assis au milieu de vous. (Tous les regards se tournent vers M. Dupont de l'Eure.) Sa longue carrière pleine d'éminentes vertus, de services éclatans et désintéressés, n'est-elle pas la meilleure apologie de l'indépendance de la pensée? Qu'il me permette de le lui dire publiquement, la cause de la démocratie aurait été plus tôt gagnée si elle n'avait eu que des défenseurs tels que lui. A ceux qui nous accusent de rêver des troubles et des désordres, d'être des fauteurs de révolte et d'anarchie, nous répondrons : voilà notre Nestor et notre guide. C'est à nous rapprocher d'une si belle vie que tendent tous nos efforts. Placés sous un si noble patronage, nous pouvons défier toutes les calomnies et toutes les injures. Les bruits s'émoussent contre d'aussi éminentes vertus. Cherchez un pareil homme parmi les courtisans qui encombrent les palais des monarques, parmi ces instrumens nécessaires aux gouvernemens qui, culbutés du pouvoir, reviennent sans cesse aux affaires. Quel homme avez-vous dans les rangs conservateurs que vous puissiez lui comparer pour la probité, pour la sagesse et le courage civil? D'aussi nobles natures ne se révèlent que par leur simplicité et leur naturelle dignité. Inclinez-vous devant lui, car la population lui prodigue ses respects et ses hommages! Voilà notre modèle et notre gloire!

Messieurs les jurés, c'est sous l'auréole de cette gloire que je place les rédacteurs du *Journal de l'Eure*, et que je vous demande, pour eux, un acquittement. Ils ont défendu les principes dont il a été continuellement l'apôtre. Placés sous un pareil patronage, non, messieurs, vous ne pouvez pas nous condamner.

Une très-vive émotion, partagée par la cour, le parquet et tout l'auditoire, succède à ce discours dont un compte-rendu ne saurait reproduire les riches couleurs et l'admirable éloquence.

L'audience est suspendue pendant une demi-heure.

Me Favre est aussitôt entouré, félicité par la foule.

A la reprise de l'audience, M. l'avocat-général a la parole pour répliquer :

M. ROULAND : MM. les jurés, j'éprouve, en rentrant dans ce débat, un embarras qui s'explique par la profonde dissemblance qui s'est révélée, sous la magique parole du défenseur, entre la nature des articles incriminés et la hauteur des principes dont il les a revêtus et protégés. C'est une merveilleuse chose, messieurs, que l'entraînement heureux de cette parole qui saisit l'auditoire, que cette habileté d'un homme parvenant à couvrir de l'égide de son talent des hommes et des principes qui n'ont cependant aucune affinité.

J'éprouve aussi un autre embarras pour moi-même : c'est celui de me défendre personnellement vis-à-vis d'un adversaire, qui, je l'espère, n'a pu mettre en doute la loyauté de mes convictions, tout en s'étonnant de leur expression nette et hardie. Est-ce ma faute d'ailleurs si j'ai blessé si vivement votre susceptibilité; il m'a bien fallu tirer les conséquences dernières du système qui apparaît dans ces articles. Vous revendiquez pour la presse le droit de censurer avec amertume et avec haine les actes des ministres; vous voulez, si j'ai bien entendu la parole du défenseur, pouvoir attacher au pilori les hommes du pouvoir; et vous ne voulez pas, quand il s'agit d'eux, qu'il soit permis à une voix sincère, chargée de les défendre, de s'exprimer avec énergie ! Ces hommes à qui vous prodiguez l'injure, vous leur dites qu'ils sont impitoyables, qu'ils marchent dans le sang, vous les vouez à l'exécration du pays, et s'il se trouve un homme qui, dans sa conviction, comprend tout ce qu'il y a d'odieux dans de pareilles taxations ; si cet homme, chargé de faire prévaloir la loi et la vérité, prend la parole pour dire, non pas à l'honorable défenseur, mais à l'article du journal : Tu es calomnieux ! on se croit en droit de le rappeler aux convenances du barreau. Non, messieurs, engager le débat, comme je l'ai fait, ce n'est pas manquer aux convenances.

Souffrez donc, souffrez que le débat soit vif et entraînant, laissez les choses s'appeler par leur nom, c'est ainsi que je comprends les débats de la presse. Lorsque j'ai vu l'honorable défenseur se méprendre à ce point, de me reprocher de manquer de convenance et d'oublier les devoirs de mon ministère, j'ai fouillé dans ma conscience et j'ai senti que vos reproches étaient injustes. Permettez-moi de vous le dire à vous, monsieur, qui ne me connaissez pas : J'ai un patrimoine d'honneur et de loyauté que je revendique hautement. Quels qu'aient été jamais la lutte et les hommes, j'ai toujours entendu le public qui m'entourait m'appeler un bon citoyen et un honnête magistrat.

Après avoir longuement insisté sur le bénéficice de cette attestation publique, M. l'avocat-général, s'attachant à réfuter les argumens de la défense, s'efforce de faire ressortir des articles incriminés, les deux délits spécifiés par l'arrêt de renvoi. Il soutient avec force que l'auteur de ces articles a exprimé le vœu, l'espoir ou la menace du renversement du gouvernement établi par la charte de 1830.

C'est une étrange position, s'écrie M. l'avocat-général, que celle qu'on a faite au ministère public. Il n'a pas seulement à lutter contre le talent de la défense si habile à éviter le véritable terrain du débat ; il faut encore qu'il réponde aux impressions subitement produites dans l'auditoire par l'invocation formelle, puissante, mais inattendue du patronage de l'honorable M. Dupont de l'Eure ; que puis-je dire ? comment le magistrat repoussera-t-il l'intervention de l'ancien garde-des sceaux de France, du citoyen si justement environné de la vénération publique ? comment, dans cette enceinte, en présence même de M. Dupont de l'Eure, assistant au procès, lui sera-t-il donné d'exprimer toutes les impressions qui devraient se manifester librement ? comment, enfin, garantir le jury de l'inévitable entraînement que le défenseur avait si bien calculé dans l'intérêt de sa cause ?

Quoi qu'il en soit des difficultés qui semblent m'assaillir, n'aurais-je pas le droit de m'étonner de cette invocation suprême, partie du banc de la défense ? Pourquoi donc veut-on qu'une vie si pleine de labeur, de services et de considération, devienne la garantie des principes et de l'honneur du rédacteur Selme Davenay ! Oh ! je vous en conjure, laissez intacte et pure cette vie qui appartient au pays. Ne vous prévalez pas d'une de ces réputations nationales qui doivent rester le patrimoine exclusif de celui qui s'en glorifie ! Nul n'a le droit, pour défendre ses œuvres en face de la magistrature et des lois, d'usurper le patronage d'un nom qui ne doit pas figurer dans ces débats.

Ne voyez-vous pas qu'une condamnation peut atteindre le prévenu convaincu de mensonge et de calomnie ? Comprenez-donc qu'elle irait chercher Davenay jusqu'aux pieds de son protecteur, et qu'elle déchirerait le manteau d'honneur et de probité sous lequel il aurait mendié un impuissant asile. Enfin, M. Dupont de l'Eure, quels que soient ses dissentimens, garderait toujours religieusement le respect dû au roi constitutionnel qui fut son ami. (Sourires.) Pourquoi donc mettre sous sa protection et un journal qui veut le renversement de la dynastie nouvelle, et un rédacteur dont la plume téméraire n'a pas craint de déverser le ridicule et le mépris sur ce qui doit rester inviolable et sacré? Non, il ne peut rester qu'un intermédiaire entre l'accusation et la défense, c'est la justice.

M. l'avocat-général termine en demandant la condamnation des deux prévenus.

Me Jules Favre se lève pour répliquer. — MM. les jurés, j'éprouve, avant tout, le besoin de protester contre les dernières paroles de M. l'avocat-général. Je serais bien coupable, si ma pensée était allée jusqu'où le ministère public est allé lui-même. Le nom, sous le patronage duquel j'ai placé, non pas l'article incriminé, ni l'écrivain qui en est l'auteur, mais les opinions qu'il représente, n'a certes pas besoin d'être défendu ici ; ses mérites lui sont personnels, sa gloire lui appartient tout entière, et grâce au ciel, elle est assez pure pour que rien ne puisse y porter atteinte. Ce que j'ai dit, c'est que, lorsqu'un parti politique est assez heureux pour trouver dans ses rangs une réputation aussi pure, une carrière aussi honnête, il a le droit d'en revendiquer le patronage aux jours des solennelles épreuves. Voilà ma pensée, ne la défigurez pas. Maintenant Selme Davenay reste seul dans ce débat : mais comme M. l'avocat-général a attaqué Davenay, j'avais le droit d'invoquer, à son profit, le patronage de cette haute et vénérable réputation.

J'avais raison, messieurs, de reprocher à M. l'avocat-général d'avoir, dans son réquisitoire, dépassé les bornes de la modération et de la convenance, et la preuve, c'est qu'il y a un abime entre la proposition et la réplique (sensation) ; mais pourquoi me faut-il encore revenir sur cette lutte personnelle? M. l'avocat-général a parlé de son honneur attaqué, de sa haute considération méconnue ; il n'a pas été dans notre pensée de les soupçonner, et notre expression, à nous, ne va jamais plus loin que notre pensée. Ce que nous avons attaqué, c'est son réquisitoire ; quant à la personne, nous la respectons, puisqu'elle est assise sur un siége qu'il faut environner de nos respects. Mais la forme du réquisitoire m'appartenait, et c'était mon droit de le traiter comme je l'ai fait. Mais revenons au procès.

Me Jules Favre reprend, dans une discussion vive et serrée, chacun des argumens reproduits dans la réplique du ministère public ; il les discute et les anéantit ; puis, rappelant encore une fois les paroles prononcées par MM. Thiers et Odilon Barrot dans la discussion des lois de septembre, il renouvelle cette proposition légale, à savoir que si l'écrivain a fait remonter jusqu'au roi le blâme des actes du gouvernement, il est punissable et peut légalement être condamné ; mais si, entraîné par le sentiment du patriotisme le plus pur, l'écrivain a attaqué les ministres dans leurs actes politiques, qu'importe qu'il l'ait fait avec passion, avec haine, avec amertume! il est demeuré dans les limites de son droit : vous ne pouvez le condamner.

Supposons, et l'hypothèse et malheureusement trop acceptable, que dans le pays il se soit produit, une série de faits odieux, le journaliste aura-t-il eu raison de les attaquer? Oui, sans doute ; et qu'importe la forme des attaques? elle est innocente, c'est le fonds de la pensée que vous devez interroger. N'oubliez pas, messsieurs les jurés, que toutes les questions de presse sont pour vous des questions d'ordre et de repos public ; si Davenay est un fauteur d'anarchie, si, mettant sa plume au service des plus misé rables passions, il prêche la révolte et le désordre, frappez-le, c'est votr droit, c'est votre devoir, mais si au contraire, ses sentimens sont sincères, s'il n'a fait, dans son journal, que nous montrer toutes vives les plaies de la société, si en outre, le délit qu'on lui reproche est si subtil et si fugace qu'il a pu échapper par trois fois aux yeux des gens du roi, des hommes du métier, alors absolvez la pensée que le pouvoir incrimine, car elle est innocente, et le procès qu'on lui intente n'est qu'une persécution. (Sensation.)

Je suis fâché d'avoir à condamner encore les insinuations produites par M. l'avocat-général contre le client que j'ai l'honneur de défendre. Vous signalez Davenay comme livré depuis dix ans aux luttes ardentes de la polémique, vous convenez qu'il a joué un rôle actif dans les rangs de la presse militante. Eh bien! dites-nous s'il a été une seule fois l'objet de vos poursuites; si, dans cet exercice périlleux de l'émission de sa pensée, il s'est une fois heurté de front contre vos réquisitoires. Les précédens de Davenay je m'en empare, pour vous prouver qu'il n'a jamais failli aux régles de la prudence et de la modération; quant à ces insinuations que vous avez essayé de glisser dans les débats, je n'y réponds pas; sur ce terrain brûlant, je saurai vous répondre.

Revenant à l'article incriminé, le défenseur soutient qu'il est inférieur, dans l'expression des attaques qu'il dirige contre le ministère, à beaucoup d'articles émanés des autres journaux et des journaux amis du ministère, non pas du ministère qui nous gouverne aujourd'hui, mais de celui qui doit lui succéder, du ministère de M. Thiers (hilarité) la question de personnes, a-t-on dit, n'est rien dans cette cause. Je vous réponds qu'elle est considérable au contraire, et cette question de personnes, je l'ai traitée d'un mot; je vous ai dit que l'homme qui était en ce moment aux affaires perdait le pays, déshonorait la France, je vous ai dit que c'était lui qui était responsable de tout ce sang français versé par des mains françaises, et que s'il restait au pouvoir, c'en était fait à jamais de notre honneur et de nos libertés (sensation). M. l'avocat-général s'est bien gardé de répondre à cette partie de ma plaidoirie. J'ai reproché à M. Guizot chacun des actes de sa déplorable vie, je lui ai reproché d'avoir rougi le pavé de nos villes, je l'ai appelé impitoyable, parce que lui-même, à la tribune, à l'occasion des affaires de Lyon, a déclaré que le gouvernement devait être impitoyable et détruire l'émeute par le fer et le feu, comme un chancre qu'on extirpe mais qu'on ne guérit pas. Ai-je fait, dites-moi je vous prie, autre chose que de l'histoire, et M. l'avocat-général a-t il réfuté une seule de mes paroles? Voyons, répondez-moi: la guerre civile a-t-elle éclaté oui ou non sur tous les points du territoire? Le sang versé, il faut bien que la responsabilité en remonte vers quelqu'un; eh bien! je dis que le mal est venu d'en haut, et que c'est au fol entêtement des hommes sinistres qui sont au ministère, que nous devons ces sanglantes collisions, dont tout le pays gémit à cette heure.

Je dis que le pouvoir, au lieu d'écouter les justes conseils qui lui arrivaient de toutes parts, a indignement appuyé le recensement par le canon et les bayonnettes! Ah! je les absous, parce qu'elles étaient dans des mains qui gémissaient de s'en servir; mais alors que, dans l'expression de notre pensée et dans l'exercice d'un droit légitime, nous nous serions laissé emporter au-delà des bornes de la modération, devons-nous, pour cela, être traduits devant la cour d'assises, et, comme des criminels, condamnés à la prison! Non, messieurs, vous absoudrez la pensée de l'écrivain qui a été juste et généreuse, et, quant à la forme, mettez-la de côté, elle est innocente. Je vous ai dit que les journaux de Paris avaient été plus loin que nous dans l'expression de la même pensée; écoutez les articles que je vais vous lire.

Ici Me Jules Favre donne successivement lecture de l'article du *National* sur le recensement, déféré au jury de la Seine et acquitté malgré le réquisitoire passionné de M. Hébert; d'autres du *Siècle* du 21 septembre et 22 du même mois, où le ministère est représenté comme avilissant la France à l'extérieur, comme la mettant en feu à l'intérieur; il cite encore le *Journal du Commerce* du 14 septembre, et conclut que le délit reproché au *Journal de l'Eure*, s'il existe, est commun à toute la presse indépendante. Pourquoi le ministère public n'exerce-t-il pas ses poursuites contre tous les journaux, unanimes dans l'expression de leur pensée? Ce qui se passe dans le pays ne doit pas être perdu de vue par le jury. Le défenseur ne lui dit pas posez-vous en adversaires du ministère, mais avant tout examinez la position de l'écrivain, demandez-vous s'il a fait acte de mauvais citoyen.

Vous acquitterez les prévenus, messieurs les jurés, et en renvoyant absous les rédacteurs du *Journal de l'Eure*, vous aurez sauvé la presse indépendante, qu'on veut détruire dans cette localité. En dépit des persécutions du pouvoir, les écrivains que je défends persévèreront, soyez-en sûrs, dans la ligne droite et courageuse qu'ils se sont tracée, comme aussi ils continueront à imposer à leur pensée un frein qui la contiendra dans les bornes d'une juste et sage modération. C'est ainsi qu'ils seront toujours utiles et qu'ils vous remercieront du verdict d'acquittement que, j'en suis sûr, vous allez rendre. (Long murmure d'approbation).

M. le président résume les débats.

A cinq heures et demie, le jury se retire dans la salle de ses délibérations. A six heures et demie, la sonnette de MM. les jurés se fait entendre et un vif mouvement d'intérêt se manifeste dans la salle d'audience, qui n'a été quittée par aucun des nombreux curieux, venus pour entendre cet important procès.

Le jury est introduit et la cour prend séance.

M. le président : M. le chef du jury, veuillez faire connaître le résultat de votre délibération. (Un religieux silence s'établit dans toute la salle.)

M. le chef du jury lit un verdict qui déclare, sur toutes les questions, les prévenus non coupables.

En conséquence, M. le président prononce leur acquittement.

Aussitôt des applaudissemens énergiques et unanimes éclatent dans l'audience. En vain les huissiers essaient de rétablir l'ordre et le silence. La foule se précipite vers le banc de la défense, qu'elle s'empresse de féliciter de ce nouveau triomphe remporté par la presse libérale. Me Saudbreuil se trouve seul pour recevoir ces chaudes et cordiales félicitations : Me Jules Favre, qu'une affaire importante appelait mardi matin à Paris, a déjà quitté la salle, et c'est en vain que les patriotes, avertis trop tard de ce départ précipité, le cherchent auprès des prévenus, pour lui serrer la main.

L'audience est levée, et l'assemblée se sépare dans la plus vive agitation.

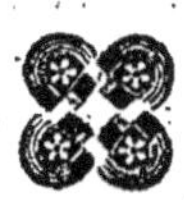

SOCIÉTÉ

EN COMMANDITE ET PAR ACTIONS,

POUR LA PUBLICATION

DU

JOURNAL DE L'EURE

ET L'EXPLOITATION DE L'IMPRIMERIE

DUDIT JOURNAL, A ÉVREUX.

La société du Journal de l'Eure a été formée par acte authentique passé devant Me Péclet, notaire à Evreux, le 13 décembre 1841.

Elle est administrée par un gérant, sous la surveillance d'un conseil d'administration.

Son fonds social est de 20,000 fr. divisés en 100 actions de 200 fr. chacune.

La moitié seulement du prix des actions doit être versé dans les quinze jours de la souscription : l'autre moitié ne sera exigible qu'à l'époque qui sera fixée ultérieurement par le conseil d'administration.

Le *Journal de l'Eure* existe depuis quatre ans. Le nombre de ses abonnés s'élève aujourd'hui à 560. Avant que la cour royale de Rouen l'eût dépouillé du droit de publier les annonces de ventes judiciaires d'immeubles, il rapportait à son propriétaire un bénéfice net de 6,000 fr. par an.

Tout porte à croire que l'on reviendra sur la fausse application que les cours royales ont donnée à l'art. 696 de la loi du 2 juin dernier, concernant les ventes d'immeubles.

Le *Journal de l'Eure* conserve, d'ailleurs, aux termes mêmes de cette loi la faculté de publier LÉGALEMENT toutes les annonces judiciaires, telles que les *purges d'hypothèques légales*, *les ventes de marchandises* par ordre ou par voie de justice, *les séparations de corps et de biens*, *les interdictions*, etc., etc.

En outre, l'exploitation de l'imprimerie de M. Du Breuil, qui devient aussi la propriété de la société, prend chaque jour une extension plus productive.

Le *Journal de l'Eure* paraît trois fois par semaine : les mardi, jeudi et samedi. Le prix de l'abonnement est de 6 fr. 50 cent. pour trois mois, 13 fr. pour six mois, et 26 fr. pour l'année. Il donne les nouvelles politiques vingt-quatre heures avant les journaux de Paris ; il publie gratuitement tous les faits, toutes les réclamations d'intérêt public qui lui sont adressés de toutes les communes du département. Les feuilletons sont toujours intéressans et signés par des noms d'écrivains connus.

Tous les mardis, sa 4e page est presque entièrement consacrée au commerce, prix courant des marchandises, mercuriales, nouvelles des halles et marchés, tarif des bestiaux, etc. Les cultivateurs y trouvent, au moins deux fois par mois, un bulletin agricole ; enfin le *Journal de l'Eure* est le seul organe de l'opposition dans le département.

Tous les avis, annonces et insertions légales autres que celles relatives aux ventes immobilières, sont publiées dans le *Journal de l'Eure* au prix de 20 centimes la ligne.

On s'abonne chez tous les libraires du département, ou en adressant, franc de port, le montant de l'abonnement, ou un mandat sur la poste, au directeur du journal, rue Joséphine, 60, à Evreux.

NOUVEAUX PROPRIÉTAIRES DU JOURNAL DE L'EURE.

Profession de Foi.

Avec l'année 1842 une ère nouvelle a commencé pour le *Journal de l'Eure*.

Jusqu'alors, cette feuille avait été l'œuvre d'une entreprise particulière. La persécution toute spéciale dont le pouvoir et ses représentans dans le département l'ont honorée pendant ces derniers tems, avait mis son existence en péril. En vain le nombre de ses abonnés s'était-il accru du double en moins de six mois ; l'abaissement considérable de son prix d'abonnement, au mois de juin dernier, et, quelques jours plus tard, la perte des annonces judiciaires, dont la cour royale de Rouen a cru devoir la dépouiller au profit du journal de préfecture créé par M. de Monicault, enfin le système machiavélique adopté et déjà mis en pratique par le parquet d'Evreux, pour ruiner par des amendes et des frais de justice son unique propriétaire, M. Du Breuil, exigeaient, de la part de ce dernier, de nombreux sacrifices, qui d'un moment à l'autre pouvaient se trouver au-dessus de ses ressources personnelles, et il en résultait nécessairement que la publication du seul organe de l'opposition existant dans ce département, se voyait soumise aux chances plus ou moins heureuses d'une fortune particulière.

Les patriotes de la ville d'Evreux et du département ont voulu que la situation d'un journal qu'ils soutenaient déjà de leurs sympathies, de leur estime et de leurs encouragemens, n'eût plus rien de précaire ni d'éventuel; ils ont voulu que la fortune du *Journal de l'Eure* fût aussi indépendante que sa rédaction, et l'entreprise de M. Du Breuil est devenue leur propriété.

Nous avons dernièrement annoncé cette bonne nouvelle à nos lecteurs, en leur faisant connaître les principales clauses de l'acte notarié par lequel s'est constituée la société en commandite du *Journal de l'Eure*, il nous reste, à nous, rédacteur en chef, un autre devoir à remplir.

Si, aux yeux de la loi, un seul homme, le gérant, demeure matériellement responsable de nos articles, il en est d'autres maintenant qui vont en quelque sorte devenir moralement solidaires aux yeux du public de tout ce que nous écrirons.

Aux termes de l'article 33 de notre acte de société, un CONSEIL D'ADMINISTRATION, composé de cinq membres, sera prochainement élu dans l'assemblée générale des actionnaires; la mission confiée à ce conseil d'administration n'est pas seulement le contrôle des opérations financières du gérant, il devra, en outre, veiller activement à ce que la rédaction du *Journal de l'Eure* ne s'écarte jamais des principes démocratiques et de la ligne d'opposition qui l'ont fait adopter par tous les hommes de cœur et d'indépendance de ce département.

Il est donc indispensable que nous exposions de nouveau, de la manière la plus claire, la plus concise, la plus explicite, et ces principes, à la défense desquels nous avons de tout tems voué notre existence et notre faible talent, et cette ligne de franchise et de fermeté dans laquelle nous continuerons de marcher tant que Dieu nous en laissera la force et la possibilité.

Mais qu'il nous soit permis d'abord de revenir rapidement sur le passé du *Journal de l'Eure*.

En 1837, la presse manquait totalement d'organe dans ce pays, car on ne pouvait considérer comme tel une feuille d'annonces que l'imprimerie Ancelle publiait une ou deux fois par semaine, selon les nécessités de la procédure. La fondation du *Journal de l'Eure* ne fut donc, dans son origine, que la réalisation d'une pensée de spéculation basée uniquement sur le besoin d'un organe de publicité au centre de l'un des plus beaux départemens de la France, département où l'agriculture, le commerce et l'industrie réclamaient impérieusement ce véhicule puissant de progrès et de civilisation qu'on appelle un journal. Le fondateur voulait, autant que possible, ne faire de la politique qu'accessoirement, en demeurant dans une ligne de neutralité complète. Mais il reconnut bientôt qu'un journal politique sans couleur trouve peu de lecteurs ; il savait d'ailleurs qu'il n'y aurait guère de ympathie à attendre des habitans de ce pays pour l'écrivain qu'i entreprendrait de défendre le pouvoir quand même, aussi la ligne politique de son journal, dans une nuance assez modérée il est vrai, fut celle de l'opposition.

C'est au mois de juin 1840 que M. Du Breuil devint propriétaire du *Journal de l'Eure ;* homme d'intelligence et de progrès, sa couleur politique ne pouvait être douteuse : à l'intérieur la réforme électorale, à l'extérieur l'honneur de la France maintenu à tout prix ; voilà son programme en peu de mots.

Nous arrivons à l'époque où M. Du Breuil voulut bien nous appeler à rédiger son journal. Il connaissait nos antécédens dans la presse politique, *antécédens dont nous nous honorons et que nous ne renierons jamais*, en dépit des réticences jésuitiques de l'avocat-général Rouland ; il savait que notre opposition serait radicale, il savait que les hommes du ministère de l'étranger exciteraient souvent notre juste indignation ; mais il savait aussi que nous trouverions de l'écho au milieu de ces généreuses populations du département de l'Eure, et il n'hésita pas à nous confier le gouvernail de ce navire sur lequel il avait si courageusement embarqué sa fortune et sa liberté, et que nous devions désormais conduire à travers les écueils en tout genre semés devant nous par la haine, la calomnie et les réquisitoires des parquets.

Y avait-il de la témérité de notre part à nous aventurer ainsi dans cette localité à laquelle nous étions jusqu'alors étranger ? non, l'écrivain politique qui a, pour se conduire, une conviction de toute sa vie, le véritable amour de sa patrie, son indépendance et ses bonnes intentions, n'a pas besoin d'autre boussole. Notre marche, depuis neuf mois que nous avons l'honneur de rédiger le *Journal de l'Eure*, n'a pas été un seul moment incertaine ; nous n'avons jamais varié de la ligne que nous nous étions tracée à notre point de départ, et nous avons eu le bonheur de voir nos constants efforts couronnés de succès. Le nombre toujours croissant de nos abonnés a résolu victorieusement le problème que nous nous étions proposé. Aux mensonges habituels, aux diffamations de nos adversaires, qui nous déniaient le concours de l'opinion publique, nous avons à opposer un argument irréfragable, c'est le livre de nos abonnemens.

Mais une approbation bien plus solennelle nous était réservée, et peut-être était-ce aussi pour l'obtenir de nos concitoyens que, sans y être obligé, nous avions revendiqué une place au banc des assises.

La violence de notre rédaction était devenue contre nous, dans la bouche des énergumènes qui s'épuisent à nous attaquer, un reproche de tous les jours.

Deux de nos articles cependant, et nous devons supposer que le ministère public avait choisi les plus violens, ont été déférés au jury. — Le jury les a déclarés inoffensifs!

Oh! ce fut un beau jour pour nous que celui de l'acquittement du *Journal de l'Eure*! Jamais cette manifestation populaire; jamais ces touchantes sympathies de tant de citoyens, de tous rangs, de toutes conditions ne s'effaceront de notre mémoire. L'*enfant perdu* de la presse, comme nous qualifiait si singulièrement l'avocat-général Rouland, l'*enfant perdu* de la presse avait retrouvé une famille, et cette famille, c'était toute une population!

Qu'on nous pardonne cette digression un peu trop personnelle peut-être. Mais jusqu'à ce jour, nous le répétons, le gérant avait seul avec nous partagé la responsabilité morale de nos œuvres; notre rôle change, puisque plusieurs honorables citoyens veulent bien consentir à devenir nos patrons et nos guides, et, dans cette circonstance importante pour nous, nous n'avons pu résister au désir de régler, avec nos lecteurs, le compte de nos neuf mois de rédaction.

Maintenant occupons-nous de l'avenir.

Tant que nous verrons au pouvoir des gens qui, sous la dénomination de doctrinaires, hommes de la résistance, ou conservateurs, voudront établir entre la classe moyenne et la classe des travailleurs une injuste barrière d'incapacité politique; tant que les fils ingrats de la révolution lui diront avec orgueil : *Tu n'iras pas plus loin!* tant que les masses populaires ne seront, aux yeux des gouvernans, que des barbares qu'on doit tenir en respect avec la baïonnette et le canon, nous serons antipathiques au pouvoir.

Car notre devise sera toujours : TOUT PAR LE PEUPLE ET POUR LE PEUPLE.

Et nous entendons par le peuple l'universalité des citoyens sans aucune distinction de caste ni de rang.

Profondément convaincus que le principe de la démocratie est la seule base naturelle, solide et durable des institutions politiques chez un peuple libre, nous ne cesserons de demander l'applicaion la plus étendue (mais par les voies progressives et légales) de ce principe dans toutes les parties de notre constitution. C'est-à-dire que nous réclamerons sans cesse, d'abord la réforme parlementaire, puis la réforme électorale, puis successivement enfin toutes celles qui seront possibles, nécessaires au bonheur de la France, et qui pourront amener un état de choses dans lequel les fonctions publiques, quelles qu'elles soient, ne seront plus dévolues aux plus intriguans, aux plus ambitieux et aux plus serviles par le choix de quelques-uns, mais confiées aux plus honnêtes et surtout aux plus capables par le choix de tous.

Nous croyons que de bonnes institutions politiques et l'organisation du travail doivent avoir pour résultat l'amélioration des classes pauvres, sans qu'il soit nécessaire de rien changer à l'ordre social. Les théories des *communistes*, *babouvistes*, *icariens*, *socialistes*, ou *fourieristes*, nous semblent aussi absurdes qu'impraticables, nous prêcherons toujours à nos concitoyens le respect dû à la propriété et aux autres institutions sociales de notre pays. En un mot, nous avons foi pleine et entière aux bienfaits d'une réforme politique et ne croyons nullement possible une réforme sociale. Nous demandons l'égalité politique, mais nous considérons comme une véritable utopie l'égalité sociale.

Nous pensons que la liberté de la presse est la garantie la plus sûre des droits de la nation. Le peuple a pensé comme nous en 1830, lorsqu'il a renversé le gouvernement de Charles X, qui voulait porter atteinte à cette liberté ; c'est pour cela que nous avons adhéré sans réserve à LA DÉCLARATION DES JOURNAUX INDÉPENDANS DE PARIS, à l'occasion de la condamnation de notre confrère Dupoty ; c'est pour cela que nous avons considéré l'arrêt rendu contre lui comme un malheur public.

Pour nous résumer enfin nous voulons un gouvernement populaire, qui comprenne que la France ne sera vraiment heureuse et tranquille qu'avec des lois généreuses et libérales, avec des hommes honorables pour les faire exécuter.

Nous voulons la liberté, l'ordre et la prospérité au dedans, la nation respectée et honorée au dehors ; un système politique, en un mot, qui soit tout le contraire de celui dont nos ministres usent aujourd'hui d'une manière si déplorable.

Le rédacteur en chef du Journal de l'Eure,

SELME DAVENAY.

www.ingramcontent.com/pod-product-compliance
Lightning Source LLC
LaVergne TN
LVHW020242230826
846091LV00006B/2224

9782012462168